LENZ ET QUIBERON

SOUVENIRS

DU

COMTE DE CONTADES

PAIR DE FRANCE

PUBLIÉS PAR

LE COMTE GÉRARD DE CONTADES

PARIS
E. DENTU, ÉDITEUR
LIBRAIRE DE LA SOCIÉTÉ DES GENS DE LETTRES
PALAIS-ROYAL, 15, 17, 19, GALERIE D'ORLÉANS
1885

SOUVENIRS

DU

COMTE DE CONTADES

Erasme-Gaspard
COMTE DE CONTADES

Imp. E. Charreyre.

COBLENZ ET QUIBERON

SOUVENIRS

DU

COMTE DE CONTADES

PAIR DE FRANCE

PUBLIÉS PAR

LE COMTE GÉRARD DE CONTADES

PARIS

E. DENTU, ÉDITEUR

LIBRAIRE DE LA SOCIÉTÉ DES GENS DE LETTRES

PALAIS-ROYAL, 15, 17, 19, GALERIE D'ORLÉANS

1885

NOTICE BIOGRAPHIQUE

SUR

LE COMTE DE CONTADES

PAIR DE FRANCE

Erasme-Gaspard de Contades naquit à Angers, le 12 mars 1758. Il était fils de Gaspard de Contades, alors colonel du régiment d'infanterie de Berry, et de Julie-Victoire de Constantin de la Lorie. Louis-Georges-Erasme, marquis de Contades, son grand-père et son parrain, fut, quelques mois après, chargé du commandement en chef de l'armée d'Allemagne, et reçut, le 24 août, le bâton de maréchal de France. L'année 1758 fut ainsi doublement heureuse pour le marquis de Contades, aussi sensible aux joies de la famille qu'aux honneurs militaires. Dans toute carrière, celui qui s'est fait un nom, souhaite de rencontrer en ses descendants des héritiers de ses aptitudes et des continuateurs de sa renommée. Le maréchal de Contades n'avait point encore vu, de ce côté, ses souhaits entièrement réalisés. Son fils avait suivi la carrière militaire plutôt par devoir que par goût. Après avoir servi, non toutefois sans éclat, il avait trouvé, dans un agréable mariage, un prétexte de renoncer au métier des armes. Il s'abandonna dès lors tout entier au bonheur domestique et aux plaisirs de l'étude. Toutes les espérances du maréchal, qui voulait un héritier de sa grandeur militaire, se trouvèrent donc reportées sur son petit-fils. Sa longévité lui permit de le voir longtemps revêtu de l'uniforme, de le connaître brillant et sérieux officier. Erasme de Contades fut, ainsi que ses frères, Gabriel et Gaspard, élevé, selon la volonté de l'aïeul, uniquement en vue de la carrière militaire. Cette éducation énergique et rude trempa bien son âme pour l'existence agitée qui devait être la sienne, mais elle lui laissa une certaine dureté d'accueil et une certaine raideur de formes, qu'il ne parvenait que difficilement à vaincre. Elles faisaient place, en revanche, dès qu'il en venait à bout, à l'abord le plus séduisant, à la physionomie la plus avenante, qui exerçaient, sur ceux qui l'approchaient, un irrésistible charme. Le maréchal, dans ses plus longues routes, aimait à voir ses trois petits-fils galoper aux portières de sa chaise de poste, et, quand les enfants se plaignaient de lassitude, il ne répondait à leurs plaintes que par l'ordre de piquer vivement des deux. Tant il croyait nécessaire de rompre à la fatigue et de familiariser avec la douleur ces écoliers dont il voulait faire des soldats.

Erasme de Contades ne fut point rebelle à de tels enseignements. Son goût naturel le portait d'ailleurs vers l'armée, et il avait, pour servir, deux qualités précieuses : une énergie peu commune et un scrupuleux esprit de discipline. Il subit donc sans résistance l'influence de l'aïeul, tout en gardant quelques-unes des dispositions paternelles. Comme son père, il aima toujours à écrire; mais, absorbé dans sa jeunesse par les besoins de sa carrière et lancé par la révolution dans les aventures, à l'âge où l'écrivain se forme d'ordinaire, Erasme de Contades n'eut jamais que le style d'un soldat, plus imagé que correct, plus énergique qu'élégant. Son père était un écrivain qui avait servi; lui fut un officier qui se plaisait à écrire. Il avait fait néanmoins de bonnes études classiques, et triomphait dans les concours universitaires, à l'heure où son père brillait dans les académies de province. Dans une de ses compositions de jeunesse, il eut à célébrer le cœur *véritablement patriote* d'Eustache de Saint-Pierre, *victime du salut public*. Le futur émigré ne se doutait guère alors que ces expressions, ornement de ses amplifications d'écolier, frapperaient un jour son oreille dans des temps si différents et avec une signification si nouvelle !

Quand on a le goût d'écrire, l'on rime toujours quelque peu. Erasme de Contades prit de bonheur l'habitude de faire des vers, et il ne rompit jamais complètement avec elle. A la vérité, il n'était pas bon poète, et on le lui dit clairement un jour que, sous le voile de l'anonyme, il avait soumis au jugement d'un critique certain madrigal, dont il était satisfait. Froissé dans son amour-propre de poète, M. de Contades jura de ne plus faire de vers, mais les bons propos de rimeurs valent les serments d'ivrognes, et la muse est une maîtresse à qui l'on revient toujours.

L'éducation imposée par le maréchal à ses petits-fils porta promptement ses fruits : Erasme de Contades était encore presque un enfant, quand il entra dans l'armée. Son grand-père, après la disgrâce du maréchal de Broglie, était rentré en faveur, et l'on était bien revenu d'appréciations formées à la légère, à la suite de la funeste journée de

a^*

Minden. En 1759, Broglie avait remplacé Contades à l'armée d'Allemagne; en 1761, Contades remplaça Broglie dans son gouvernement d'Alsace. Le maréchal favorisa naturellement de tout son crédit les débuts de son petit-fils. Le 14 mars 1773, Erasme de Contades, âgé de quatorze ans, reçut son brevet de lieutenant au régiment d'artillerie de Besançon; deux ans après, il était capitaine au régiment de cavalerie de mestre de camp général. Les succès de cour, qu'un extérieur séduisant et des façons aimables, — quand on voulait qu'il en fut ainsi, — rendirent faciles et nombreux, n'empêchèrent point Erasme de Contades de se soucier de sa carrière plus que de toute autre chose. Il tenait à être un officier sérieux, et, en 1779, ayant assisté aux manœuvres du camp de Saint-Omer, il rédigea un rapport d'une valeur réelle, témoignant à la fois d'une instruction véritable et du goût sincère qu'il avait pour son métier.

Erasme de Contades épousa, en 1781,

Marie-Marguerite de Villiers, fille unique de Jacques de Villiers-Lauberdière, seigneur du Teil et de Riou. Sans avoir eu un grand éclat dans les derniers siècles, la maison de Villiers-Lauberdière, branche puînée de celle de Villiers-l'Isle-Adam, n'en était pas moins comptée parmi les meilleures du pays. M. de Villiers résidait ordinairement dans le petit château du Teil, humble manoir angevin, perdu au fond du Beaugeois. Mme de Villiers, Françoise-Madeleine Le Bel, devait avoir un jour une fortune considérable, composée des belles et vastes terres de la Jaillière et de Launay. Elle avait une sœur non mariée, Mlle de la Jaillière, qui, aussitôt après le mariage de sa nièce, se regarda comme faisant partie de la famille de Contades. C'était une bonne et sainte fille, aux manières nobles et simples, aussi sévère pour elle-même qu'indulgente pour les autres.

Les poètes de province célébrèrent à l'envi *l'heureux hymen* de M. de Contades, et nous avons retrouvé dans ses papiers ce singulier acrostiche-épithalame, qui avait presque le droit d'être mauvais, étant signé *Bernard, mathématicien* :

De l'hymen, couple heureux, vous subissez les lois ;
Et ces lois n'ont pour vous rien que de délectable.
C'est et Mars et l'Amour qui veulent par ce choix
Offrir de leur faveur un monument notable.
Ne vous défiez pas de l'ouvrage des Dieux ;
Tout est soumis à leur empire.....
Allez, suivez la route ouverte à vos aïeux.
De l'astre qui vous luit secondez le sourire,
Et vos enfants, j'ose vous le prédire,
Seront un jour comptés au rang des demi-dieux.

Les futurs demi-dieux ne furent pas moins de quatre, trois garçons et une fille (1), et donnèrent ainsi raison à la prédiction de bonheur du poète angevin. Quel que fût le charme de son intérieur, Erasme de Contades avait trop d'ambition pour se

(1) Gaspard, né le 6 avril 1785 ; Méry, né le 8 septembre 1786 ; Guionne-Françoise-Victoire, née le 27 septembre 1789, et Erasme, né le 22 novembre 1790.

contenter de sa félicité domestique. Pas plus que ses succès de cour, elle ne put en effet le détourner d'une carrière qui lui procurait agrément et honneur. Le 10 novembre 1782, il reçut le brevet de mestre de camp du régiment de Royal-Picardie (cavalerie). A trente ans, Erasme de Contades était nommé colonel, et fut appelé, le 10 mars 1788, à commander le régiment de Royal-Bourgogne. Le 12 mars 1789, il obtint la permission de changer ce régiment contre celui des chasseurs à cheval de Picardie, qui devint, en 1791, le 9me régiment de chasseurs.

La révolution cependant était venue. La plus grande partie de la noblesse avait passé la frontière, et les gentilshommes capables de porter les armes, groupés autour de leurs princes, espéraient avant peu rentrer victorieusement en France. L'émigration a été approuvée ou condamnée d'une façon trop absolue. Pour beaucoup, elle fut une nécessité ; pour plusieurs, elle fut un devoir, mais, pour certains, elle était une faute, surtout au début de la révolution. Parmi ces derniers, il faut tout d'abord compter les officiers, que l'esprit de discipline devait retenir dans leurs régiments, et qui n'étaient, après tout, déliés de leurs serments ni vis-à-vis de leur pays, ni vis-à-vis du roi, à qui, à un moment donné, ils pouvaient, en restant, être personnellement utiles. M. de Contades comprit son devoir de cette façon-là. En garnison alors à Haguenau et entouré d'excellents officiers, il se crut tenu de rester à son poste, et tenta de conserver son régiment à la France, aussi longtemps que cela fut possible. Décidé à faire strictement observer la discipline, même à l'encontre de ses sympathies personnelles, il se rendit, en 1791, à Paris, après une manifestation royaliste de ses officiers. Il allait demander au ministère les moyens de faire respecter son autorité; il n'y rencontra que désordre et qu'indécision. Alors, mais alors seulement, voyant que c'en était fait de la discipline en France, il se regarda comme libre, et se décida à partir. Il se rendit d'abord à

Worms, où l'on parut trouver qu'il arrivait trop tard. Il jugea, lui, qu'il n'arrivait que trop tôt, en entendant déraisonner les exagérés de l'émigration, dont le dévouement courageux ne pouvait dissimuler la folie. M. de Contades s'en fut de là à Coblenz, dans l'entourage moins exalté de Monsieur, frère du roi. Il y reçut un accueil particulièrement favorable, ayant jadis fait partie, comme MM. de Jaucourt et d'Hautefort, de la coterie de cour de Mme de Balbi, alors toute-puissante favorite. Le comte de Contades, à peine arrivé, fut nommé aide de camp de Monsieur, place qui, en le rapprochant d'un prince bon et aimable, lui fut particulièrement précieuse. Il partageait son temps entre les devoirs de sa charge et le commandement d'une compagnie de gentilshommes, cantonnés près de Coblenz, à Montabaur. L'aide de camp de Monsieur eut ainsi, pendant plusieurs mois, le curieux spectacle de la petite cour émigrée : gentilshommes vaniteux et frondeurs, adulant les princes et les dénigrant l'instant d'après, s'entêtant dans leurs chimères mais tout prêts à mourir pour elles, ayant l'esprit de rire de leur mauvaise fortune, mais n'ayant point le sens d'en tirer une leçon; femmes joueuses et intrigantes, gardant au bord du Rhin l'esprit de Paris et les grands airs de Versailles, comptant d'ailleurs y revenir avant peu, et voulant, pour ce temps-là, faire provision de crédit en exil. Joignez à cela le despotisme de Mme de Balbi sur Monsieur, dont elle était la maîtresse autant que cela se pouvait, et l'amour de Mme de Polastron pour le comte d'Artois, dont elle prenait tout le temps et toute l'énergie, et vous connaîtrez le Coblenz que vit le colonel émigré.

Ce Coblenz vicieux et fou, mais spirituel et charmant, le comte de Contades le quitta sans regret, au moment impatiemment attendu de rentrer en France. Il crut devoir alors abandonner le service de Monsieur, pensant avec raison que, pour faire la guerre, sa place était plutôt à la tête de sa compagnie que dans l'état-major du prince. Une rupture survenue plus tard entre Monsieur et Mme de Balbi changea pour longtemps en une sorte de disgrâce le crédit des amis de l'ex-favorite, et M. de Contades ne revit point avant la restauration le prince dont les bontés lui avaient permis, à Coblenz, d'espérer une faveur plus longue.

Le comte de Contades fit, à la tête des gentilshommes de sa compagnie, la malheureuse campagne de 1792. Il en connut toutes les illusions, toutes les déceptions, toutes les tristesses. Dès qu'il vit, après Valmy, que l'on battait en retraite, il comprit que tout espoir était définitivement perdu. Il voulut néanmoins rester à l'armée jusqu'à l'heure du licenciement, tenant surtout à soutenir le courage de ses compagnons d'armes, de ces gentilshommes qui parlaient de quitter le corps, sans avoir un louis dans leur poche, sans savoir même où diriger leurs pas. Ce licenciement, qui laissait sans ressources tant de malheureux émigrés, eut enfin lieu le

27 novembre. Le 28, M. de Contades se rendit à Aix-la-Chapelle. Il y rencontra sa tante, Mlle de la Jaillière, que sa santé avait conduite l'année précédente à Spa et que les événements politiques avaient retenue depuis à l'étranger. Ce fut une grande consolation pour l'officier émigré, à l'heure où tout semblait l'abandonner, de retrouver, loin de la terre natale, quelque chose de la vie de famille d'autrefois. La commune pensée des parents restés en France, la mémoire des jours heureux si chère dans la détresse, furent un puissant lien entre la tante et le neveu. Ils n'avaient pourtant, — cela était naturel, — ni les mêmes goûts ni les mêmes habitudes, et la vieille fille eut bien souvent à sermonner le colonel émigré. Mais n'est-ce point un bonheur que d'avoir, dans son exil, une vieille parente qui vous gronde et qui vous aime ?

Les deux émigrés quittèrent Aix-la-Chapelle, à l'approche des armées de la république, et se retirèrent ensemble à Düsseldorf.

Là, le comte de Contades, pour occuper ses loisirs, rédigea le récit de la malheureuse campagne qu'il venait de faire. La vie de l'exil, pour triste qu'elle fût, était néanmoins supportable pour lui, grâce à l'affection de sa vieille amie et aux soins attentifs d'un domestique fidèle, nommé Bernard, qui ne l'avait point quitté. Deux pensées toutefois empêchaient l'émigré de se contenter de ce sort relativement heureux : le regret constant des siens, dont nous rapporterons plus loin les tribulations et les tristesses, et surtout le désir de reprendre du service. Il crut avoir trouvé l'occasion de le faire dans une expédition que l'on préparait à Ostende. Ce projet d'expédition n'ayant point abouti, M. de Contades comprit que, pour être promptement employé, il importait de se rendre à Londres, le quartier général de l'émigration. D'ailleurs, sur le continent, les malheureux émigrés étaient contraints de reculer chaque jour devant les armées françaises. La Hollande, qui leur avait paru longtemps une retraite sûre, venait d'être envahie par les républicains. Le comte de Contades ne tarda pas davantage. Laissant sa vieille parente se diriger vers Munster, il s'embarqua sur un mauvais bateau de pêcheur, et débarqua en Angleterre, au mois de janvier 1795.

Dès qu'il fut à Londres, il chercha les moyens d'être employé dans l'expédition que le gouvernement anglais organisait contre la république. Il fallait pour cela s'adresser à un homme peu accessible, qui tenait de la confiance des ministres et du mystère dont il savait habilement s'entourer un prestige tout particulier; c'était le comte Joseph de Puisaye. M. de Contades eut près de lui la recommandation toute-puissante d'un ami de sa famille, qui devint l'année même un martyr, Mgr de Hercé, évêque de Dol. Avec des qualités et des goûts différents et parfois même opposés, M. de Puisaye et M. de Contades avaient ceci de commun qu'ils possédaient, quand il leur semblait bon, un charme d'accueil auquel l'on ne pouvait résister. Dès

la première entrevue, ils se séduisirent l'un
l'autre, séduction momentanée qui, ne reposant ni sur une communauté d'idées ni sur
une similitude de caractère, devait faire place
un jour à une antipathie véritable. Le charme
toutefois ne fut point dissipé de suite. M. de
Contades le subissait encore quand, sur
l'ordre de Puisaye, il alla à Guernesey préparer l'établissement d'un corps de gentilshommes, commandé par le comte d'Oilliamson. Les lettres qu'il adressa à cette
époque au général, sont remplies de protestations de dévouement et de témoignages
d'estime, sincèrement exprimés comme ils
furent sincèrement reçus. Rappelé à Londres, quand l'on songea pour de bon à Quiberon, le comte de Contades sut se rendre
encore plus agréable à Puisaye en menant à
bien une négociation délicate dont il avait été
chargé près de M. d'Hervilly. Pour reconnaître ce service, Puisaye promit à M. de
Contades un poste qui convenait singulièrement à son ardeur : c'était le commandement

de l'avant-garde. Néanmoins, voulant le rapprocher de lui et avoir toujours à sa portée un intermédiaire conciliant près de d'Hervilly, Puisaye revint sur cette promesse et nomma le comte de Contades major général de l'armée. Malheureusement, à Quiberon, M. de Contades jugea presque de suite M. de Puisaye à sa juste valeur. Le général ne tarda pas à le sentir, et ne le lui pardonna jamais. Il ne lui en témoigna toutefois rien sur l'heure, se bornant sans doute à lui réserver dès ce jour une place dans les récriminations dont il remplit plus tard ses mémoires. Contades et Puisaye ne se séparèrent donc point, vivant en apparence dans les meilleurs termes, mais au fond aigris et mécontents l'un de l'autre, s'en voulant surtout de la séduction mensongère des premier moments. A Quiberon, M. de Contades s'occupait au reste beaucoup plus de l'accomplissement de son devoir militaire que de la faveur ou du mauvais vouloir de Puisaye. Il paya vaillamment de sa personne dans l'engagement du 7 juillet, où son cheval fut blessé sous lui, et dans la malheureuse et décisive affaire du 16. Dès ce jour, le comte de Contades perdit toute espérance. Prévoyant la funeste issue de l'expédition, il pensa que comme, il faudrait, un jour ou l'autre, en venir à des négociations, il valait mieux, pour cela, ne pas attendre l'heure suprême. Il eut, dans cette pensée, une entrevue avec un capitaine républicain, nommé Le Breton, puis avec le général Humbert lui-même. L'intervention maladroite de M. de Vauban, qui interrompit l'entretien, l'empêcha d'avoir aucun résultat utile. Cette entrevue, rapportée dans tous les souvenirs relatifs à Quiberon, a été blâmée comme imprudente par les uns, regardée comme opportune par les autres. M. de Contades parvient à la justifier entièrement dans les souvenirs qu'il rédigea plus tard. Au moment où eut lieu cette entrevue, il était en effet évident pour tout homme de sens, que l'on était à la veille d'un désastre, mais que, possédant encore le fort Penthièvre, l'on avait le droit d'exiger de l'ennemi des conditions plus favorables qu'à l'heure d'une défaite complète.

Le désastre prévu ne tarda pas longtemps : dans la nuit du 20 au 21 juillet, le fort Penthièvre, la clef de Quiberon, fut envahi par les républicains. Au premier signal d'alarme, M. de Contades avertit Puisaye, qui ne lui répondit que par des grognements de dormeur dérangé. Alors, le laissant là, le comte de Contades se rendit au fort Penthièvre, où il tint aussi longtemps que l'on y put tenir. Il voulait y attendre Sombreuil et sa division qu'il avait réclamée, pensant qu'il était encore possible de reprendre le fort. Sombreuil malheureusement ne répondit point à l'appel de M. de Contades : un ordre de Puisaye, qui ne songeait qu'à regagner *la Pomone*, l'avait cloué à une position inutile. « M. de Contades, — dit Puisaye, que nous aimons à citer ici lui-même (1), — fit très lentement sa

(1) V. *Mémoires du comte Joseph de Puisaye,* t. VI, p. 517.

retraite devant Humbert, et les troupes sous ses ordres se retirèrent avec tant de mesure qu'il s'écoula plus d'une demi-heure, avant qu'elles fussent repliées sur celles de Sombreuil. » Quand il eut ainsi rempli son devoir, et quand tout espoir d'arrêter l'ennemi fut perdu, M. de Contades crut pouvoir penser à lui-même; il gagna alors la mer et y poussa son cheval. L'animal indocile revint presque aussitôt au bord, et, comme son maître voulait le contraindre à retourner, il se renversa sur lui. M. de Contades, que le poids de ses vêtements empêchait de nager, paraissait condamné à périr, quand il fut recueilli par un canot qui le conduisit à bord d'une frégate.

L'on sait quel fut, à la suite de cette désastreuse journée, le sort de Sombreuil et des prisonniers royalistes. C'est peut-être l'un des crimes de la révolution que l'on oubliera le moins. Cependant M. de Contades, tout en flétrissant les bourreaux des malheureux émigrés, a toujours nié que les républicains eussent violé une capitulation qui, d'après lui, n'aurait jamais existé. Colonel dans l'ancienne armée, s'en tenant strictement aux termes du code militaire, M. de Contades ne pouvait en effet regarder comme valable qu'une capitulation écrite, dont les termes auraient été débattus et acceptés par les chefs. Une semblable capitulation a-t-elle eu lieu à Quiberon ? — Nul n'oserait l'affirmer, et il n'en est, en tout cas, point resté de traces. Les exécutions qui suivirent la reddition de Sombreuil n'en restent pas moins odieuses et injustifiables, car, en admettant qu'il n'y ait point eu de capitulation, les émigrés, en déposant les armes, étaient autorisés à penser qu'il y en avait une par ce cri de pitié des soldats républicains : « Rendez-vous il ne vous sera rien fait. » Ils se rendirent sur la foi de cette promesse et l'on abusa de leur légitime confiance pour les envoyer à la mort !

A la suite de cette funeste expédition, le désaccord entre M. de Contades et Puisaye s'accentua encore. M. de Puisaye entendait n'être responsable de rien; M. de Contades le regardait comme responsable de tout. Aussi, quand, après un séjour à l'île d'Houat, M. de Puisaye voulut retourner en Bretagne (ce qu'il fit en effet), M. de Contades émit l'avis que le général fût retenu jusqu'à l'arrivée de Monsieur, et eût à rendre compte de sa conduite. Et pourtant Monsieur, qui n'arrivait qu'après Quiberon et qui allait retourner en Angleterre sans avoir quitté l'Ile-d'Yeu, pouvait-il être un juge bien sévère?

C'est à l'Ile-d'Yeu, où il passa quelque temps, que M. de Contades rédigea la partie de ses souvenirs relative à cette seconde campagne. Il revint ensuite à Londres. Après Coblenz et après Quiberon, il lui était véritablement permis de ne plus partager les illusions des émigrés et de ne pas croire au succès de leurs efforts. M. de Contades pensa alors qu'il n'était point tenu de renoncer à jamais à la France, parce que les royalistes n'avaient pas su y ramener le roi, et, dès qu'il put le faire honorablement, il reprit le chemin du pays. Il était d'ailleurs devenu le chef de sa famille, et d'impérieux devoirs réclamaient sa présence en France. Le maréchal de Contades, épargné par l'orage révolutionnaire, était mort à Livry, en 1794.(2) Son fils, le marquis de Contades, soldat de nouveau par devoir, mais toujours lettré par goût, avait été tué en Vendée par un soldat républicain qui, le voyant cheminer un livre à la main, l'avait pris pour un prêtre lisant son bréviaire. La suppression du droit d'aînesse rendait les affaires de cette double succession particulièrement difficiles, car le maréchal outre son fils, avait une fille (1), et le marquis n'avait pas laissé moins de quatre héritiers. C'était donc un devoir pour le comte de Contades d'aller surveiller les intérêts de sa

---

(1) Françoise de Contades, mariée au comte de Plouër. Elle était morte à cette époque, mais elle avait laissé des héritiers pour la représenter dans la succession paternelle.

famille et de prendre soin de l'administration d'une fortune que sa femme, en restant en France, avait si courageusement sauvegardée. Elle n'avait pu le faire toutefois qu'au prix de persécutions incessantes, dont le touchant récit doit succéder ici à celui des aventures du colonel émigré.

Mme de Contades, en apprenant que son mari avait passé la frontière, chercha près de son père et de sa mère un abri naturel. M. de Villiers avait quitté depuis quelques années le petit manoir du Teil pour habiter le château plus vaste de Riou, situé près de Doué-la-Fontaine. Il y fut arrêté, en 1792, et conduit à pied, malgré son grand âge, dans les caves des arènes romaines de Doué, que l'on avait transformées en prisons. Il n'était que depuis deux heures au milieu des prisonniers entassés dans ces cachots humides, quand, la suffocation se joignant à la fatigue de la route, il succomba sans que l'un des siens pût l'assister à cette heure suprême.

Sa femme et sa fille, privées de leur protecteur, allèrent se réfugier dans leur hôtel d'Angers. Il ne leur restait d'ailleurs point d'autre asile. Le Teil abandonné n'était plus en état d'être habité, et leurs résidences habituelles, Riou et Launay, avaient été successivement livrées aux flammes par les éclaireurs du général Turreau. A Riou, l'incendie fut si rapide que deux hussards, qui s'étaient attardés à piller, furent engloutis sous les ruines du château. Les troupes républicaines étaient commandées par un prêtre jureur, l'abbé-général Carpentier, qui avait été vicaire de la paroisse d'Ambillou, près du château de Launay. Il venait jadis, une fois par semaine, s'asseoir à la table de M. de Villiers. Un jour, sous l'empire, à la sous-préfecture de Saumur, Carpentier rencontra M. de Contades, et, oubliant qu'il avait fait mettre le feu aux deux châteaux de son beau-père, il lui demanda naïvement s'il le reconnaissait. « Parfaitement, Monsieur, répondit M. de Contades, j'ai dîné avec vous maintes fois à Launay, que vous avez brûlé depuis, par habitude sans doute de venir vous y chauffer (1). »

Mmes de Villiers et de Contades, revenues à Angers, espéraient être oubliées dans le vieil hôtel de la rue Saint-Georges, où elles vivaient dans les pièces les plus retirées, uniquement occupées d'exercices de piété et de l'éducation des petits enfants. Elles furent en effet tout d'abord épargnées, mais cette tranquillité relative ne suffisait point à calmer leurs craintes, et leurs alarmes étaient continuelles. L'une des premières eut pour objet l'arrivée des Mayençais dans la ville d'Angers. Ils venaient pour combattre les Vendéens, et étaient annoncés partout comme des exterminateurs. Les pauvres femmes apprirent avec effroi qu'un détachement leur était imposé, et se préparèrent en frémissant

---

(1) Nous empruntons cette anecdote à un manuscrit de M. L. Cosnier, qui a recueilli les souvenirs du marquis Méry de Contades, et qui a bien voulu, avec une parfaite bonne grâce, nous faire, pour cette notice, les communications les plus utiles.

à recevoir cette redoutable visite. Le commandant du détachement leur fut bientôt annoncé. Grande fut leur surprise de voir entrer un jeune homme, de la plus aimable tournure, aux façons gracieuses et presque timides. Le Mayençais agit avec une courtoisie parfaite, et refusa, de la meilleure grâce du monde, la chambre que la maîtresse de maison proposait de lui céder. Quand il partit, ces dames voulurent connaître le nom de ce patriote de bonne compagnie, et lurent sur la plaque de son porte-manteau : *Schouardin, commandant du bataillon des chasseurs de Saône-et-Loire.*

Le commandant Schouardin ne se départit point de la courtoisie qu'il avait manifestée dès le premier moment. Le lendemain, au Champ de Mars, l'on devait passer en revue les troupes venant de Mayence ; Schouardin proposa aimablement de montrer ce spectacle au petit Gaspard de Contades, et le conduisit même, après la revue, au déjeuner de l'état-major. Par un sentiment plein de délicatesse, l'on y but à l'ancienne armée, et Kléber, à l'issue du repas, alla rendre visite, avec ses officiers, à la petite-fille du maréchal de Contades. Il caressa les trois petits garçons et demanda à leur mère si elle comptait en faire des soldats. Elle répondit qu'ils en avaient tous les trois le désir, mais qu'elle craignait que Méry, son second fils, n'en eut jamais la force. « Madame, répondit Kléber, chez un soldat le cœur vaut bien la force. Regardez Schouardin ; il a l'air d'une fille : au premier coup de feu, il devient un lion. » Quelques semaines après, Kléber, à Torfou, disait à Schouardin, en lui montrant le pont de la Sèvre : « Faites-vous tuer là avec votre troupe. » — « Oui, mon général, » répondit simplement le lion, et il y mourut, avec cent des siens.

Mme de Contades avait reçu d'abord à Angers les héros de la république ; elle eut bientôt après à en connaître les bandits. L'on était en janvier 1794. Les habitants de l'hôtel de Villiers, privés d'argent et de bois, souffrant du froid et de la faim, s'estimaient trop heureux d'être oubliés au fond de leur triste demeure. Ils ne le furent malheureusement pas longtemps.

Une troupe hideuse, précédée d'agents de la commission militaire, envahit un jour l'hôtel. L'on forma, dans une vaste salle du rez-de-chaussée, une sorte de tribunal révolutionnaire, où les pauvres femmes furent contraintes de comparaître. Elles eurent à répondre au plus brutal interrogatoire, où l'on ne leur épargna ni insultes ni menaces. La providence néanmoins les préserva ce jour-là et elles en furent quittes cette fois pour la peur. Elles n'étaient pourtant point définitivement sauvées : une seconde et plus redoutable visite leur fut annoncée pour bientôt. L'avertissement venait d'un boulanger dévoué, nommé Chesneau, qui, sous l'apparence du jacobinisme le plus ardent, couvrait de sa protection les aristocrates de la rue Saint-Georges. Il fut impuissant cette fois à conjurer ce nouvel orage, mais Mme de

Contades, prévenue du danger, eut le temps
de confier ses enfants à des mains amies. Les
sans-culottes se représentèrent peu après,
et les malheureuses femmes furent mises en
état d'arrestation. Quand il fallut partir,
Mme de Contades, songeant à ses enfants plus
qu'à elle-même, ne put retenir ses larmes. A
ce moment le petit Méry, qui s'était évadé de
son asile, vint pour rejoindre sa mère. Elle
l'indiqua d'un regard suppliant à la femme
Chesneau, qui, mère elle-même, comprit aussitôt cette recommandation muette. La boulangère emmena l'enfant, et le confia à son
frère, fermier dans les environs. « J'ai déjà
quatre enfants, dit le brave homme à sa sœur;
je saurai bien en nourrir un cinquième. »

Mmes de Contades et de Villiers ne furent
point mises en jugement à Angers. Après y
être restées en prison pendant quelques
jours, elles furent dirigées sur Paris, où les
attendait le tribunal révolutionnaire. Le
voyage se fit en juillet, par une chaleur
ardente, sur de misérables charettes. L'on

suivait la levée de la Loire ; près de Saint-Mathurin, la prisonnière put apercevoir sur une colline voisine les blanches murailles du château de Montjeoffroy, où le maréchal comptait réunir sa nombreuse famille, dispersée au loin par la révolution. Et le regret du passé dut ajouter encore à l'amertume de ce sinistre voyage, pendant lequel la petite-fille du maréchal de Contades eut à subir les railleries des filles perdues, ses compagnes de route, et les menaces des sans-culottes, qui parlaient, à chaque bourgade, de jeter les aristocrates à la Loire.

Ce fut ainsi que l'on atteignit Blois. Les prisonnières avaient perdu toute espérance et fait depuis longtemps le sacrifice de leur vie, quand le funèbre voyage fut interrompu. C'était à Paris qu'elles pensaient trouver la mort ; les événements du 9 thermidor les empêchèrent d'aller jusque là.

Dès qu'elles furent libres, elles revinrent à Angers, où Mme de Contades eut l'immense joie de rappeler ses enfants auprès d'elle.

L'hôtel de la rue Saint-Georges étant encore sous le séquestre, elle se logea avec sa mère dans une humble chambre du voisinage, plus en rapport du reste avec ses chétives ressources. Quelque temps après, Mme de Villiers put enfin rentrer dans sa maison mais elle la trouva entièrement démeublée Les meubles avaient tous été enlevés et transportés à l'église Saint-Maurice, devenue temple de la Raison, puis magasin national. Trois voitures, dont une berline toute neuve, avaient eu le sort des meubles. Un représentant du peuple, qui se rendait à Nantes, ayant trouvé la berline à son goût, l'avait réquisitionnée. A Nantes, elle avait convenu à Carrier, qui l'avait gardée pour lui. Le représentant du peuple avait laissé à Angers une vieille voiture, marquée aux portières d'un énorme bonnet rouge. Elle fut offerte en échange à Mme de Villiers, qui repoussa avec horreur une pareille compensation (1).

(1) Etat des effets déposés au magasin du district d'An-

Petit à petit l'hôtel fut remeublé, mais ses habitants n'y eurent d'abord pour ressources que le produit de la vente de l'argenterie de famille et quelques sacs de louis retrouvés dans une cachette. Ils allaient en voir le fond, quand, l'orage s'étant enfin dissipé, l'argent rentra et les fermages furent payés de nouveau. Alors, se sentant à l'abri du besoin comme du danger, l'on put recommencer à vivre. L'on recommença surtout à attendre, — et chaque jour plus impatiemment, — ceux que la politique retenait encore hors de France. Enfin on revit les chers émigrés ; Mlle de la Jaillière revint de Westphalie, et le comte de Contades arriva de Londres.

---

gers provenant de chez le citoyen Villiers, rue ci-devant Saint-Georges : « A l'égard des trois voitures, deux sont sous la galerie du temple de la Raison...... La troisième voiture, une berline anglaise avec ressorts et filets dorés, peinte en vert, a été remise au représentant du peuple, le 6 brumaire dernier, en échange d'une autre voiture fond rose, ayant un bonnet de liberté sur chaque côté. (Signé) Rondeau, garde magasin. » (Chartrier de Montjeoffroy.)

Quand, après de longues années de séparation, la petite famille se trouva réunie, ce fut un touchant échange de témoignages d'affection, de confidences et de regrets. L'on oublia toutefois bientôt les chagrins passés pour ne songer qu'à la joie de l'heure présente, et, si l'on compta avec émotion ceux que l'on avait perdus, l'on cessa bien vite de pleurer les morts pour se remettre à aimer les vivants.

Le comte de Contades, de retour en France, eut à terminer, comme nous l'avons dit, les affaires fort difficiles de la succession de son père et de celle de son aïeul. Dès que cela fut fait, il sut bientôt reprendre, en Anjou, la situation considérable qu'y avait sa famille au temps du maréchal. Il fut, en 1804, nommé membre du conseil général de Maine-et-Loire pour le canton de Beaufort-en-Vallée, et présida l'assemblée départementale pendant la session de 1805. M. de Contades s'était, en 1804, installé au château de Montjeoffroy, que le maréchal avait construit, mais où il avait si peu résidé, que son petit-fils en fut, pour ainsi dire, le premier habitant.

Sur la falaise de Quiberon, M. de Contades avait répondu au républicain qui lui demandait ce qu'il venait réclamer en France : *la religion de nos pères et la monarchie.* Il ne pouvait donc pas être hostile à l'empire qui les lui avait rendues l'une et l'autre. Sans doute l'empire n'était pas la monarchie traditionnelle, mais c'était au moins le gouvernement d'un seul ; c'était le gouvernement d'un homme qui avait eu assez de force pour vaincre la révolution, assez de gloire pour éblouir l'Europe. M. de Contades ne comprenait point d'ailleurs que l'on boudât contre son pays. Il pensait que, dès que cela était compatible avec l'honneur, il valait mieux être quelque chose chez soi que de s'agiter stérilement à l'étranger. En 1791, il n'avait renoncé qu'à regret à son régiment, et, s'il n'avait rien voulu tenir de la république, il était tout disposé à être employé par l'empire. L'empereur, de son côté, comprenait la nécessité de grouper autour de son trône des membres de l'ancienne noblesse, pour donner à sa cour un vernis aristocratique qu'il jugeait nécessaire. Il avait aussi besoin que, dans chaque province, des hommes influents fissent oublier, en dispensant ses faveurs, ce que son autorité avait de trop despotique. Le président du conseil général de Maine-et-Loire devait, pour ces deux motifs, être particulièrement apprécié par lui. Il ne fallait donc qu'une occasion pour que M. de Contades se rapprochât de l'empereur. Cette occasion se présenta bientôt.

Le 11 août 1808, l'empereur, revenant de Vendée, devait traverser la ville d'Angers. Une garde d'honneur fut formée pour lui servir d'escorte ; M. de Contades en accepta le commandement. Il complimenta l'empereur, à son arrivée du château de Serrant, et accompagna la voiture impériale jusqu'à la préfecture. Napoléon avait reçu à Nantes la nouvelle de la capitulation de Baylen. Il n'en avait point parlé, mais ce pénible secret assombrit singulièrement la fin de son voyage. Cela retarda d'abord son arrivée à Serrant, puis fit contremander les fêtes officielles préparées en son honneur par la ville d'Angers. Un grand bal, pour lequel tout était prêt, fut ajourné; l'empereur ne vit que quelques fonctionnaires, et l'impératrice ne reçut personne. Toujours bonne et sensible, elle se fit toutefois amener les enfants d'une ancienne amie, morte depuis quelques années, Mme Gaspard de Contades, née de Bouillé (1). L'impératrice ne put voir sans attendrissement ces enfants qui lui rappelaient l'époque où elle n'était encore que la citoyenne Bonaparte, temps heureux que sa grandeur actuelle, au reste déjà menacée, ne l'empêchait pas de regret-

---

(1) V. Bodin, *Recherches sur l'Anjou*, T. II, p. 468. Ces enfants étaient Jules-Gaspard-Amour de Contades, et Constance de Contades, mariée plus tard au comte de Bernard de Danne.

ter parfois. Joséphine, dans ces derniers instants d'une intimité qu'ils allaient regretter tous deux, répéta souvent sans doute à l'empereur le nom du commandant de la garde d'honneur d'Angers. Bientôt après, M. de Contades fut appelé à la cour.

Le 1ᵉʳ avril 1809, il fut nommé chambellan de l'empereur, et, le 23 mai suivant, comte de l'empire. La terre de Montjeoffroy fut, à cette occasion, érigée en majorat. M. de Contades accepta sans hésiter ce titre de comte, quoique son père lui eût légué celui de marquis. Il y était autorisé par l'exemple de la plus ancienne noblesse. Un Montmorency et un Brissac, — le nom le plus illustre de sa province, — avaient consenti comme lui à faire partie de ces *comtes refaits*, dont le faubourg Saint-Germain se vengeait par un jeu de mots (1). Le nouveau comte avait d'ailleurs appris, en Angleterre, ce que

---

(1) V. *Souvenirs et Mélanges*, par le comte d'Haussonville, p 48.

vaut, pour le pays et pour elle-même, une aristocratie qui s'appuie sur la propriété foncière. L'institution des majorats était une des grandes idées de l'empire : M. de Contades ne pouvait qu'y applaudir et se féliciter de voir son domaine patrimonial affecté à une création si heureuse pour sa famille. Quant à Mme de Contades, tenant surtout, après les jours d'orage, au calme aimé de son intérieur, elle ne pouvait rien recevoir de l'empire que sur le terrain de la charité. L'impératrice Marie-Louise lui adressa, en 1812, le brevet de dame de la société de la charité maternelle. Mme de Contades passait à Montjeoffroy la plus grande partie de l'année, uniquement occupée de bonnes œuvres et de soins domestiques, tandis que son mari était, la plupart du temps, retenu à la cour par ses fonctions de chambellan.

Il était souvent attaché à la personne de princes hôtes ou protégés de Napoléon Ier. Plusieurs d'entre eux avaient gardé le souvenir du maréchal de Contades et voulurent bien honorer son petit-fils de leurs faveurs : « Le roi de Bavière, écrivait à sa femme le comte de Contades, m'a reçu comme le petit-fils d'un pareil grand-père. » Il fut également accueilli avec la plus grande bienveillance par le grand-duc Charles de Bade et la grande-duchesse Stéphanie, fille adoptive de l'empereur. Il garda toujours le souvenir de leur bontés, précieusement conservé dans les traditions de la famille.

Le comte de Contades, qui n'avait pas voulu rester à bouder en Angleterre, tint à plus forte raison à ce que ses fils servissent utilement le pays où il étaient nés. Dès qu'ils en eurent l'âge, il les prépara à remplir strictement ce devoir. Les trois fils comprirent la pensée de leur père, et surent l'exécuter.

L'aîné, Gaspard, le filleul du maréchal de Contades, avait, dès 1804, été reçu à l'école militaire. Il entra, en en sortant, au 4me régiment de cuirassiers et fit toutes les campagnes, de 1806 à 1809. Enveloppé par l'ennemi à la bataille d'Essling, il tomba après s'être longtemps défendu ; il avait reçu vingt-deux coups de sabre. On le crut tout d'abord perdu, mais il fut sauvé par l'opération du trépan, que, dans des circonstances analogues, un de ses aïeux, Georges Gaspard de Contades, avait également subie (1). La croix récompensa bientôt le blessé d'Essling, mais il lui fallut renoncer au service. Son père ne l'en regarda pas moins comme tenu de se rendre utile et le fit entrer dans l'administration. Gaspard de Contades fut successivement sous-préfet d'Oléron et de Vendôme. Il épousa Mlle Henriette d'Oms dont l'affection et le dévouement ne purent l'arracher à une mort prématurée, causée par les suites de ses blessures. Il laissa un fils, Henri de Contades, en qui son grand-père vit dès

---

(1) Georges-Gaspard de Contades, blessé au siège de Mons, le 2 août 1691, avait été obligé de subir l'opération du trépan.

lors le futur chef de la famille et auquel il s'attacha aussitôt avec passion.

Méry, le second fils du comte de Contades, était destiné par son père à l'administration. Nommé, en 1809, auditeur au conseil d'état, il eut l'heureuse fortune d'être chargé de dépêches pour l'empereur alors en campagne. Il les lui remit sous sa tente, après la bataille de Wagram. Cela lui valut l'intendance de la Basse-Illyrie et de la Croatie, poste flatteur pour son âge, mais où il allait avoir le devoir difficile de faire de l'administration chez des populations mal soumises. En 1813, les habitants de Carlstadt ayant pris les armes, Méry de Contades dut faire évacuer la ville aux Français, sous le feu d'une vive fusillade, et son cheval fut blessé sous lui. La même année, revenant de Fusine à Fiume, le jeune intendant fut attaqué par des partisans, et, après avoir tué un de ses agresseurs et en avoir désarmé un autre, il tomba grièvement blessé. Arrêté et conduit à Fusine, puis à Agram, Méry de Contades reçut, dans la famille du comte Athem, des soins empressés qui le rendirent à la santé. Prisonnier et blessé tout comme un soldat, l'intendant de la Basse-Illyrie ne fut rendu à la liberté qu'à la fin de 1813. Nommé préfet du Puy-de-Dôme, en récompense de ses services, il fut mis en disponibilité par la restauration. Le roi Louis XVIII signa néanmoins, le 2 mars 1817, son contrat de mariage avec Mlle Adèle du Fou. Veuf après quelques années d'une heureuse union, le comte Méry de Contades se consacra dès lors tout entier à l'éducation de ses trois jeunes enfants.

Les deux fils aînés du comte de Contades avaient versé leur sang pour la France; son plus jeune fils, Erasme, lui donna sa vie. Entré en 1808 à l'école militaire, il avait été, en 1810, nommé sous-lieutenant au 13me régiment de chasseurs. Le jeune officier fit d'abord la guerre d'Espagne, guerre sauvage mais pittoresque, si l'on peut s'exprimer ainsi, qui parlait à son imagination presque autant qu'à son courage. Aussi heureux de courir le monde que de marcher à l'ennemi, il inscrivait sur un petit carnet, que nous avons eu sous les yeux, ses notes quotidiennes de voyageur et de soldat. Malgré cet amour des aventures, Erasme de Contades, en qui l'ardeur n'excluait pas le sentiment, avait des heures de mélancolie où il était possédé du regret du pays natal. Ce fut donc pour lui une véritable joie que de revoir la maison paternelle, quand, en 1812, il put revenir en France.

Le bonheur de se retrouver au milieu des siens fut néanmoins affaibli pour lui par une sensibilité excessive que froissait parfois la brusquerie de son père : « Rien ne me manque, écrivait-il alors, et tout autre que moi serait parfaitement heureux ; mais, soit cette grande tranquillité après une vie aussi agitée, soit la gêne que j'éprouve auprès de personnes à qui je crains de déplaire et que j'aime, je désire recevoir l'ordre de partir. » Cet ordre trop désiré ne tarda point longtemps, et le pauvre Erasme ne revit jamais Montjeoffroy. Attaché au général Lauriston en qualité d'aide de camp, Erasme de Contades fit avec lui la campagne de Saxe. Il portait toujours son petit carnet, y consignant soigneusement ses impressions et ses pensées. Il passa à Godberg le temps de cet armistice, pendant lequel la diplomatie agitait les destinées de l'Europe. « Godberg, écrivait-il, est une ville laide et petite. » Dans cette vilaine petite ville, où il fallait bien faire quelque chose, le jeune officier rêvait comme un poète et rimait comme un écolier : « Aujourd'hui je suis mal : demain peut-être je serai bien ; que m'importe ?

> Ici bas tout voyage,
> Tout change chaque jour,
> La fortune volage
> Boude et rit tour à tour.
> Véritable oiseau de passage
> Comme l'hirondelle et l'amour. »

Puis, comme il avait fait galamment son

devoir pendant la campagne, il ajoutait simplement : « J'ai reçu la croix de la légion d'honneur, le 20 mai. »

Le 15 août, les hostilités recommencèrent. Erasme de Contades se remit à se battre sans pour cela cesser d'écrire, jusqu'au jour de la grande bataille des nations. Il suivait, près de Leipsig, son général dans la mêlée, quand il fut coupé en deux par un boulet de canon. Le petit carnet fut retrouvé, tout taché de sang, sur le corps du pauvre officier.

Les malheureux parents, frappés par des coups si cruels, n'avaient qu'une consolation au milieu de leurs larmes : c'était l'affection d'une fille bonne et aimante, Victoire de Contades, mariée au comte d'Anthenaise. Mme d'Anthenaise, après son mariage, ne s'était pas éloignée de sa famille, et sa mère eut le bonheur de l'avoir toujours à ses côtés pour partager ses grandes et légitimes douleurs.

Les Bourbons cependant étaient rentrés en France, et la situation de l'ancien aide de camp du comte de Provence ne laissait pas que d'être délicate. Il pensa néanmoins que des princes français sauraient apprécier les services rendus par ses fils à la France ; il crut avec raison qu'il lui serait tenu compte aux Tuileries du sang généreusement répandu par eux. Toutefois, sachant le roi plus fidèle à ses rancunes que Monsieur, le comte de Contades réclama d'abord une audience de ce prince, qu'il avait vu le dernier à l'Ile-d'Yeu. Monsieur le reçut de la façon la plus bienveillante. Le malheureux père lui parla de ses enfants, et, comme il était interrompu par les larmes : « Je sais, lui dit le prince, vos malheurs et leur courage. » Dès lors tout était oublié, et, le 17 août 1815, le comte de Contades était nommé pair de France.

Le nouveau pair ne remplit point, à la chambre haute, un rôle bien actif, s'y contentant presque toujours de celui de spectateur. Le régime nouveau correspondait sans doute à ses désirs, et, dans sa ressemblance à la constitution anglaise, lui paraissait bien avoir certaines chances de durée, mais l'ancien émigré avait vu trop de régimes se succéder en France, pour avoir dans un système politique quelconque une confiance absolue. Il siégea néanmoins au Luxembourg assez régulièrement, mais sans jamais se passionner pour les débats parlementaires, et, quand il était fatigué de la politique, il quittait Paris pour aller se reposer en Anjou.

A Montjeoffroy, il lisait, — contrôlant avec ses souvenirs personnels les mémoires de ses contemporains, — il allait à la chasse, et il imaginait pour son château des embellissements dans le goût de l'époque, temples à frontons et pavillons à colonnes. La goutte, qui fut le supplice de ses dernières années, empoisonnait trop souvent ses loisirs. Elle avait encore ajouté à la rudesse de son caractère et ceux qu'il aimait le mieux n'étaient point toujours à l'abri de ses boutades. Une seule personne les bravait impunément: c'était la vieille marquise de Contades, pour qui les grogneries de son fils se transformaient soudain en câlineries de petit enfant. Rien de plus touchant à parcourir que la correspondance du vieil émigré et de la marquise octogénaire, la mère chapitrant son fils sur son régime, le fils sermonnant sa mère sur ses imprudences. « Je me suis fait mener et ramener de la chambre des pairs. Nos séances sont longues, mais je résiste très bien, assis dans un bon fauteuil. Ce qui m'occupe le plus, c'est que l'on m'a dit que vous étiez souffrante. Pas d'imprudences, je vous le demande en grâce. Vous savez que vous êtes le premier bonheur de votre cher Tata. » Tata c'était le farouche grondeur, qui, dès qu'il sortait de la chambre maternelle, revenait bien vite à ses grogneries habituelles. Il avait rencontré à Angers, dans le parti politique opposé, un bourru qui lui tenait tête. C'était M. Lachèse, son chirurgien. Tous les matins, ils se rencontraient sur les boulevards. La courtoisie d'abord : c'était à qui des deux saluerait le premier. La brusquerie ensuite : « Bonjour, jacobin, » grommelait M. de Contades. « Salut, déserteur, » ripostait M. Lachèse. Puis, la courtoisie prenant définitivement le dessus, la conversation continuait sur le ton le plus aimable.

La goutte faisait non seulement cruellement souffrir le comte de Contades ; elle contrecarrait en outre certaines prétentions à la jeunesse, qu'il gardait comme tous ceux qui jadis ont eu des succès. Il en était surtout humilié devant ses contemporains mieux portants. Le roi Charles X, aussi droit et vert que le comte d'Artois l'était à Trianon, se montrait entre autres impitoyable pour lui. « J'ai été hier à la messe du château, où le roi me dit toujours la même chose : « Bonjour, mon cher Contades, je suis bien aise de vous voir; vous avez l'air de vous porter à merveille ! » Il se rappelle le temps où, en passant devant lui, un de mes collègues avait la bonté de me suivre de peur que je ne fasse la révérence la tête la première. Ce triste temps est heureusement passé, et, quand je défile devant lui, quand je suis requinqué, que j'ai tiré mon jabot et arrangé mon cordon rouge, j'ai encore l'air d'un vrai luron. Cela n'empêche pas qu'une fois arrivé chez moi, je ne sois bien content d'enlever tout mon harnais qui me fatigue au possible. »

Malgré ce triste état de santé, le comte de Contades vit, avant de mourir, le roi Charles X reprendre le chemin de l'exil. Il en fut attristé pour le prince et pour la France, mais, si les événements de 1830 l'affligèrent, ils ne le surprirent nullement. Son sens politique, développé par l'expérience, lui avait en effet permis de reconnaître les fautes successives de la restauration et de prévoir le résultat qu'elles devaient fatalement amener. Il recevait d'ailleurs presque chaque jour un membre libéral de la chambre des députés, qui se faisait, à son foyer, l'écho d'un mécontentement général, où l'on pouvait aisément distinguer les signes précurseurs d'une révolution prochaine. C'était son beau-frère, M. d'Andigné de la Blanchaye. La présence à Angers de M. d'Andigné fut, au mois de juin de 1830, l'occasion de troubles assez graves, dans lesquels le fils du comte de Contades, adjoint de la ville, eut à manifester de nouveau son énergie et son courage.

Le 6 juin 1830, M. d'Andigné, l'un des 221, devait, ainsi que son collègue Guilhem, arriver à Angers, où les libéraux leur avaient préparé une réception triomphale. Le comte Méry de Contades, adjoint de la ville d'Angers, remplissait alors les fonctions de maire (1). « Il prévint par son courage et sa fermeté calme une collision entre la gendarmerie du colonel Cadoudal et la population angevine, empressée d'acclamer les députés Guilhem et d'Andigné. Son refus énergique de se retirer, même après les trois somma-

---

(1) La mémoire du comte Méry de Contades nous touche de si près que nous préférons emprunter le récit de ces événements au *Dictionnaire de Maine-et-Loire*, de M. Célestin Port. (T. I. p. 738.)

tions légales, couvrit de son dévouement la foule exaspérée, et sa décision, après une vaine démarche à la préfecture, sut détourner le conflit. En même temps, il protestait le lendemain dans les journaux d'Angers et de Paris contre l'exploitation par les partis de sa conduite généreuse, au nom de sa foi royaliste incontestée. Elle fut mise à une rude et cruelle épreuve par la révolution, et il lui fallut, en juillet, couvrir de son corps le colonel Cadoudal, assailli alors sans autre défense que la générosité de quelques citoyens héroïques. »

Le comte de Contades ne survécut que quatre années à la monarchie légitime, tristes années, assombries par des deuils et par des regrets. Sa correspondante fidèle, la marquise de Contades était morte. Morte aussi, sa femme à qui, plus que le souvenir des joies de la jeunesse, l'unissait la mémoire des larmes versées en commun. Les deux enfants qui lui restaient, le comte Méry de Contades et Mme d'Anthenaise, retenus à

Angers par leurs devoirs domestiques, ne pouvaient faire à Montjeoffroy que de rares visites. Le vieux pair de France n'avait donc près de lui, à la fin de sa vie, que sa belle-fille, Mme Gaspard de Contades, et son petit-fils Henri. Ce jeune homme, le futur chef de la famille, était l'objet particulier de sa tendresse. La suppression de la pairie héréditaire, qui, après lui, enlevait à son petit-fils un siège à la chambre haute, fut un constant chagrin pour le comte de Contades. La sympathie de ses concitoyens qui, en 1832, sous le gouvernement de juillet, le renvoyèrent au conseil général, fut à peine une consolation pour lui. M. de Contades ne quittait plus guère Montjeoffroy, vivant au milieu de ses livres et de ses souvenirs, et se distrayant en chassant avec quelques chiens qui provenaient de la meute du prince de Condé. Un jour, le comte de Contades se rendait de Montjeoffroy à Angers, quand une attaque l'arrêta à moitié chemin. Il voulut, après un repos de quelques heures, être transporté dans sa ville natale; il y mourut le 9 novembre 1834. La foi religieuse, à laquelle, comme à l'amour de la patrie, il avait toujours été fidèle, soutint le comte de Contades à ses derniers moments. Plus vigoureuse que sa foi politique, elle n'avait pas été un seul instant ébranlée. Au reste l'ancien émigré, dont la vie s'était étendue du règne de Louis XV à celui de Louis-Philippe, avait été témoin d'assez d'expériences monarchiques et républicaines, rendues stériles par des fautes ou par des crimes, pour avoir vraiment le droit, dès qu'il s'agissait de politique, de douter en France des hommes et des choses.

COBLENZ

COBLENZ

CAMPAGNE DE CHAMPAGNE

Vers la fin de l'année 1791, l'opinion devint si prononcée contre la Révolution qu'il ne fut plus permis de rester en France, même avec les intentions les plus pures, même avec le désir et les moyens de faire le bien. Ceux qui, pour divers motifs, avaient été forcés d'abandonner leurs places, se sentant perdus si leur exemple n'était suivi, taxèrent de lâcheté et vouèrent à l'infamie ceux qui, plus constants et peut-être plus courageux, voulaient rester inébranlables à leur poste et y périr plutôt que d'aller mendier, sur une terre étrangère, des secours qu'ils comptaient pouvoir trouver en eux-mêmes.

Dès le commencement de la Révolution, beaucoup de colonels abandonnèrent leurs régiments et coururent se ranger sous les drapeaux de Mgr le prince de Condé. J'ai toujours blâmé cette conduite, une des causes de nos malheurs. Peut-on comparer l'utilité d'un chef, aimé et considéré de son corps, luttant contre la Révolution, en arrêtant les progrès et ralliant sans cesse à l'honneur et au devoir des soldats égarés, à celle d'un individu devenu simple soldat et réduit à ses seuls moyens personnels ? Le roi, m'ayant, en 1789, permis de changer le régiment de Bourgogne contre celui des chasseurs de Picardie, je ne l'ai quitté que peu de mois, et je me suis flatté, jusqu'au dernier moment, de le conserver pur et intact. Déjà les émigrés murmuraient de ma conduite et je ne l'ignorais pas, mais, fort de ma conscience, je restai tranquillement à Haguenau, entouré d'excellents officiers dont l'honneur et les principes m'étaient bien connus. Je n'exigeais point, il est vrai, de mes chasseurs une subordination exagérée, mais aucun d'eux n'a fait une faute qui n'ait été sévèrement chatiée, aucun d'eux ne s'est jusqu'au dernier moment impunément écarté de l'obéissance et du respect dus à ses officiers.

Vers la fin du mois d'août 1791, quelques esprits remuants et ambitieux me proposèrent de passer à Worms avec quatre cents chasseurs. Ils étaient certains d'exécuter leur plan, ou du moins, ils me l'assuraient. Ils avaient déjà consulté les chasseurs, et plusieurs s'étaient approchés de moi dans la cour du quartier, me murmurant à l'oreille : « Mon colonel, je suis *des bons*. » Je me voyais avec peine répondant à quatre cents personnes de leur fortune et de leur existence. J'approuvai cependant un projet que je ne pouvais rejeter, et je l'envoyai proposer à Mgr le prince de Condé par M. le chevalier Hay. Déjà les étendards étaient brodés, les sous-officiers n'étaient occupés que de leur prochaine entrée à Worms, ne songeaient qu'à l'air que jouerait la musique et ne pensaient qu'aux places qui leur seraient données. Le chevalier Hay revint avec le refus du prince. Je recommandai prudence et discrétion, mais tout fut inutile. Le jour de la Saint-Louis, je vis, dès le matin, beaucoup de rubans blancs. Je défendis toute autre cocarde que celle qui nous était ordonnée. Au lieu de faire des cocardes, les royalistes se parèrent de bouquets blancs, auxquels ils attachèrent leurs rubans. J'arrêtai cette effervescence, autant qu'il me fut possible. J'en sentais tout le danger et prévoyais bien qu'elle augmenterait vers le soir. Tous mes soins furent inutiles : l'on voulut boire à la santé du roi et fouler aux pieds la cocarde nationale. Dès ce moment, l'insurrection éclata, mes ordres furent méconnus et changés. Le lendemain, malgré le repentir et les prières, je partis à dix heures du matin, annonçant hautement que j'allais demander justice. Si j'avais obtenu de chasser ceux qui avaient changé mes ordres, j'aurais repris mon poste, et j'aurais suivi jusqu'au bout mon premier plan de conduite.

Arrivé à Paris, je m'adressai à tout ce qui avait un air d'autorité : je n'y trouvai qu'indécision, faiblesse et méfiance. Ne pouvant obtenir justice, je partis pour me rendre à Worms sans éprouver le long de la route ni difficultés, ni ennuis. Quelques injures, des menaces, des malédictions nous accueillirent pourtant en passant par Thionville, mais, comme nous nous y attendions et qu'elles ne nous empêchèrent pas d'arriver à Luxembourg, nous nous en consolâmes facilement.

J'arrivai à Worms le 15 octobre 1791, huit mois avant qu'on ne fît un pas vers la France. Mgr le prince de Condé me reçut avec toutes sortes de grâces et de bontés, mais beaucoup d'officiers de sa cour trouvèrent que j'arrivais un peu tard. Leur déraison me fit craindre de n'être arrivé que trop tôt. Chacun avait un plan de contre-révolution plus extravagant l'un que l'autre. S'ils variaient sur quelques points, ils étaient tous d'accord de n'user que de leurs propres forces et de marcher tout droit à Paris.

Je pris promptement le parti de chercher un séjour plus tranquille pour passer l'hiver. Trois jours après mon arrivée à Worms, je me mis en route pour Coblenz, où je trouvai plus de calme. Là les difficultés étaient calculées, et l'on pensait qu'exposer l'espoir de la monarchie, les princes et la noblesse à une destruction presque certaine, c'était un parti extrême qu'il ne fallait prendre que le dernier de tous. J'allai à Schönbornlust, maison de campagne de l'électeur (1) qu'occupaient les princes. Ils me reçurent avec leur bonté

(1) Clément-Venceslas-Hubert-François-Xavier, prince de Saxe, archevêque-électeur de Trèves depuis 1768. Frère de la dauphine Marie-Joséphe de Saxe, il était l'oncle de Louis XVI et des princes. Clément-Venceslas résidait habituellement à Coblenz avec sa sœur, la princesse Cunégonde, qui faisait les honneurs de son palais électoral et qu'il appelait en plaisantant *sa chère femme*. « Je reçus votre lettre... au château de Borbeck... où j'ai laissé le lendemain, non sans bien des regrets, *ma chère fême*; je me flatte cependant que je pourrai en 15 jours aller la reprendre pour passer l'hiver ensemble. »
Le 5 octobre 1792, l'électeur de Trèves, épouvanté par la prise de Spire voulut s'éloigner de son palais en toute hâte, mais les habitants de Coblenz l'y retinrent presque de force. Il put enfin, le 21 octobre, se réfugier à Bonn près de l'électeur de Cologne. Les Français n'ayant point occupé Coblenz, Clément-Vencelas, y rentra et y fut reçu triomphalement, le 31 octobre 1793. Malheureusement, un an après, il dut de nouveau songer à la fuite et quitter encore sa résidence, où les Français entrèrent pour de bon, le 23 octobre. L'électeur de Trèves ne revit plus son électorat : le traité de Lunéville réunit Coblenz à la France.
De nombreuses lettres de Clément-Venceslas et de la princesse Cunégonde de Saxe, qui signait familièrement *Cucu* de petits billets finement écrits, sont conservées aux archives du département de l'Aube. V. *Correspondance du comte de Lusace*, par M. Thévenot.

1*

ordinaire, et Monsieur voulut bien me prendre pour un de ses aides de camp (1).

Il y avait un contraste étonnant entre l'esprit de Worms et celui de Coblenz. Celui de Worms, s'il avait quelque chose de chevaleresque, était de la plus folle exagération. Deux ou trois mille gentilshommes se croyaient de bonne foi assurés de faire à eux seuls la contre-révolution. Cette chimère n'était évidemment que du délire, qu'un rêve dont Mgr le prince de Condé sentait toute la déraison, mais dont il désirait néanmoins retarder le réveil. Tous disaient : *C'est l'opinion du prince*, et ils n'en étaient que plus attachés à sa personne. Tranquille au milieu d'eux et sûr de leur dévouement,

---

(1) « Je trouvai une cour nombreuse et deux tables bien servies. A mon arrivée, plusieurs personnes m'y abordèrent, et me dirent avec l'air de la confiance : « Ne trouvez-vous pas indécent que nos princes aient cet état ? — Pas du tout, répondis-je. S'ils en ont le moyen, ils font très bien de nourrir beaucoup de monde ». L'on se tut, l'on servit et, tandis que je me retirais, tous mes frondeurs furent se mettre à table. » (*Note de l'auteur.*)

le prince les entretenait toujours dans leur espoir, jouissait de leur confiance et de leur bonne volonté, tout en étant trop sage pour la mettre à l'épreuve. Malheureusement cet état de choses éloignait les cœurs des princes, frères du roi.

A Worms l'on était persuadé qu'eux seuls s'opposaient aux superbes projets de l'armée de Condé. Tous les retards leur étaient attribués, et on les accusait, eux et leur conseil, de faire échouer des plans qui n'auraient sûrement jamais dû entrer dans une tête raisonnable. Je suis loin toutefois de penser que de pareils propos aient été approuvés par le prince de Condé : sa conduite envers les princes, frères du roi, sa soumission à leur volonté, ses respects pour eux dans toutes les circonstances en sont une preuve non suspecte.

L'esprit de Coblenz était bien différent. A proprement parler, il n'y en avait point; c'était celui de tous les rassemblements de gens oisifs et qui s'ennuient. On blâmait les princes sans savoir pourquoi. Souvent l'on se plaignait de ce qu'ils se montraient trop, de ce qu'ils s'exposaient, et parfois on leur reprochait de n'être point d'un accès facile. Dès qu'ils parlaient à la noblesse, leurs discours étaient reçus avec enthousiasme : examinés de sang-froid, ils étaient déclarés détestables et tournés en ridicule. Ce qui émanait du prince de Condé n'était au contraire jamais critiqué de son armée.

Quelques officiers de mon régiment vinrent me rejoindre à Coblenz, mais le plus grand nombre resta à Worms. Persuadé que, si les émigrés devaient jouer un rôle dans la coalition des puissances, la meilleure place serait auprès des princes, frères du roi, j'écrivis à ces officiers pour les engager à entrer dans l'armée de Coblenz, car malheureusement ces deux armées avaient des noms et des principes différents. L'éloignement, la mauvaise saison, l'esprit de Worms qui les avait peu à peu gagnés, tout combattait contre moi, mais enfin je l'emportai, et ils arrivèrent. Je revis avec un plaisir extrême des camarades que je n'avais presque pas quittés depuis le début de la Révolution, avec lesquels j'avais couru des dangers, et dont la constance comme le courage avaient été, depuis trois ans, maintes fois mis à l'épreuve. Je leur trouvai un bon cantonnement à Montabaur, à quatre lieues de Coblenz, je leur réunis les officiers des chasseurs de Lorraine et de Guyenne, et je restai pour l'hiver aide de camp de Monsieur. Cette place, en me rapprochant d'un prince bon et aimable, me donnait beaucoup d'agrément.

Je parlerai peu de ce qui se passa pendant l'hiver qui n'offrit rien d'intéressant. La fausse joie du départ du roi fut le seul évènement remarquable. La lettre d'un des secrétaires de M. de Metternich à M. de Vergennes était si positive qu'il n'était pas permis d'en douter. Le bonheur fut à son comble, et les témoignages en furent poussés à l'excès. J'étais de jour auprès de Monsieur. Il m'envoya chercher Mgr le prince de Condé, alors à Coblenz, et me donna cet ordre avec un air si content que je me doutai qu'il avait quelque bonne nouvelle à lui apprendre. En sortant de chez le prince, je vis Monsieur se rendre chez l'électeur, et je l'y suivis. En moins d'une heure, tout ce qu'il y avait dans la ville, se rendit dans la salle du palais électoral, et se livra à l'ivresse de la joie et du bonheur. Malgré tous nos efforts, les princes étaient heurtés et pressés, et tout le monde voulait leur baiser les mains aux cris de *vive le Roi ! vivent nos princes ! vive l'électeur!* Les princes excédés témoignaient le désir de sortir. Ce fut là le moment critique; l'on nous étouffait contre eux malgré nos efforts et notre résistance. Enfin nous parvînmes avec beaucoup de peine à les conduire à leur voiture, et je sortis toujours courant, toujours embrassé et toujours embrassant(1). L'on attendait cependant un courrier et la confirmation nécessaire à une simple lettre. Ne recevant rien, on fut se coucher plein d'espoir, mais moins heureux. Le lendemain matin, l'on espérait encore, mais, à midi, l'on eut la certitude de la fausseté de la nouvelle. L'abattement le plus profond succéda à la joie la plus vive. Quelques gens sensés firent la réflexion que nous

(1) V. le récit de cette scène dans les *Souvenirs et correspondance du comte de Neuilly*, publiés par M. de Barberey. « Oubliant les lois du respect et de l'étiquette on se précipita au cou des princes, qui se prêtèrent avec indulgence à ces démonstrations ; ils furent embrassés par tous ces gentilshommes. L'électeur ne l'échappa pas non plus. Il n'y eut pas jusqu'à la princesse, toute vieille et laide qu'elle était, qui fut baisée et rebaisée. Jamais elle n'avait dû se trouver à pareille fête. » Le prince de Condé manda de suite la trompeuse nouvelle à la princesse Louise, sa fille, alors à Worms. En l'apprenant, sa petite armée s'abandonna à une allégresse qui tenait du délire. Le lendemain, la princesse fit célébrer au château une messe d'action de grâces, à la fin de laquelle tous les gentilshommes présents entonnèrent le *Te Deum*. (V. *Souvenirs d'un officier royaliste*, T. II, p 182, et *Récit de ce qui s'est passé de plus remarquable à l'armée de Condé*, p. 38.)

étions cependant comme la surveille, ni plus ni moins malheureux ; qu'ainsi il n'y avait qu'à oublier un beau rêve et à reprendre la vie ordinaire. Les uns retournèrent aux *Trois Couronnes* (1) jouer et dire du mal des princes et les autres panser leurs chevaux dans leurs cantonnements, attendant avec constance et fermeté ce que l'on voudrait ordonner d'eux.

Mme de Balbi, (2) femme vraiment extraor-

---

(1). Café de Coblenz, où, comme au *Sauvage* et à l'*Empereur Romain*, les émigrés se réunissaient pour causer et rire, avec autant de légèreté et de frivolité que s'ils eussent été dans les salons de Paris ou de Versailles.

(2) Anne de Caumont La Force, fille de Bertrand de Caumont La Force et d'Adélaïde-Luce-Madelaine de Galard de Brassac de Béarn. Née vers 1758, elle épousa, en 1779, le comte de Balbi, d'une ancienne famille génoise. Nommée, en 1780, dame d'honneur de Madame, comtesse de Provence, elle devint bientôt la favorite en titre de Monsieur. En 1791, quand le prince put s'évader de Paris, il rejoignit à Mons Mme de Balbi. Nous la verrons bientôt quitter Coblenz pour accompagner Madame à la cour de Sardaigne. La faveur de Mme de Balbi ne survécut guère du reste au séjour de Coblenz, où ses imprudences réitérées avaient froissé l'amour propre de Monsieur. Bientôt la rupture fut définitive, et le comte de Provence fit à sa femme l'étrange confidence

dinaire pour son esprit naturel, a trop marqué
à Coblenz pour que je ne parle pas d'elle.
Ce sera, je le jure, avec la plus grande franchise, et qui, d'ailleurs, voudrais-je tromper?
Ces mémoires ne sont écrits que pour moi
ou ne seront jamais confiés qu'à l'amitié la

du chagrin que lui causait une liaison scandaleuse, aux
suites plus scandaleuses encore, de son ex-favorite.
Mme de Balbi avait eu, en outre, la maladresse de mortifier le prince par deux ou trois mots très méchants.
« Vous me traitez comme votre maîtresse, lui avait-elle
dit un jour avec malice, et vous savez bien que je ne
puis pas l'être. » Sa faveur passée, Mme de Balbi se dirigea
vers l'Angleterre et assista en s'y rendant au siège de
Valenciennes. Monsieur lui servait en Angleterre une
pension de 2400 livres. Elle revint en France en 1802,
et se fixa à Paris, à l'hôtel Maurepas, actuellement hôtel
d'Uzès, rue de la Chaise. A la suite d'un déjeuner où l'on
parla trop politique, elle fut envoyée en surveillance à
Chanday (Orne), où elle arriva le 21 août 1806. Le 9 novembre, Mme de Balbi demanda à Fouché l'autorisation
de résider à Caen qui lui fut accordée. Le 4 juin 1807,
le préfet du Loiret lui délivra un passeport pour les
Eaux-Bonnes. A la restauration le roi Louis XVIII lui
fit une pension de 12000 francs, qui lui fut toujours
conservée, même sous le règne de Louis-Philippe, mais
elle ne fût jamais revue par le prince dont elle avait été
la pseudo-maîtresse. Elle avait cependant à Paris, sous la

plus sûre. Jamais femme n'a peut-être été plus généralement détestée, sans que j'aie pu découvrir un fait justifiant cette haine universelle. Je n'allais ni dans un lieu public, ni dans une société particulière, que je n'entendisse dire du mal d'elle, lui adresser même les reproches les plus graves, et je n'ai

---

Restauration, un salon politique assez fréquenté. Après avoir habité la maison de la rue de Grenelle qui porte actuellement le n° 122, elle s'établit à Versailles, rue de l'Orangerie avec sa nièce, la marquise de Lordat, née de Ménars. Mme de Balbi est morte le 3 avril 1842, âgée de 85 ans, à l'hôtel de Caumont (sur l'emplacement duquel se trouve actuellement la cité Martignac). Elle était venue de Versailles à Paris, pour consulter un médecin.

Mme de Balbi avait été très jolie, mais la petite vérole lui avait fait perdre sa beauté. Il lui restait seulement des yeux et des cheveux superbes auxquels elle dut depuis lors tout son charme. Son mari, devenu fou, avait été renfermé. Elle eut deux enfants : une fille morte en bas âge et un fils, Armand de Balbi, qui finit mal et, après avoir mangé tout ce qu'il avait, s'en fut mourir légiste en Amérique.

Les pièces relatives à Mme de Balbi sont tellement rares que nous ne croyons pas sans intérêt de reproduire quelques méchants vers, trouvés dans les papiers du comte de Contades ;

jamais vu en prouver un seul. Je la défendais toujours, car je ne regarde pas comme un tort de ne pas plaire à un public mal intentionné, et je voulais d'ailleurs mettre dans le cas de prouver les faits que l'on avançait contre elle. Ils n'étaient jamais appuyés que

RÉPONSE DE Mme DE BALBI

à quatre vers du vicomte de Vintimille
qui lui reprochait d'avoir eu le mal incurable de la peur
au siège de Valenciennes.

J'ai lu vos vers sur le mal incurable
Et j'ai pris mon parti de n'en guérir jamais ;
A dire vrai, je ne vois rien d'aimable
A braver sans raison les balles, les boulets.
De très bon cœur, je renonce à la gloire
De faire un jour dire aux enfants d'Armand
(De Valenciennes en apprenant l'histoire) :
« C'est sous ses murs que périt grand'maman. »
Quant à vous, mortel téméraire,
Qui, non content des dangers de la terre,
Avez cherché sur un autre élément
A plus grands frais un laurier plus brillant,
Sachez pourtant que le sexe timide
N'en est pas moins de gloire très avide,
Et que toujours, pour aller à son cœur,
Le chemin s'aplanit sous les pas d'un vainqueur.

Ces vers sont-ils réellement de Mme de Balbi ? Ne seraient-ils pas plutôt un emprunt fait à la muse de M. de Contades ? Nous l'ignorons, mais, en vérité, ils ne sont point assez bons pour qu'on se les dispute !

Voir sur Mme de Balbi, *Souvenirs et Correspondance du comte de Neuilly* ; M. Nauroy, *Les derniers Bourbons* ; et M. Forneron, *Histoire générale des émigrés*.

sur des on dit et des propos des *Trois Couronnes*. L'on ne doit au reste bien souvent l'aversion ou la bienveillance générale qu'à quatre ou cinq personnes. Le bon ton à Coblenz était de dire du mal de Mme de Balbi, qui ne faisait point de frais pour faire changer cela. Haute et fière, sure de l'attachement de Monsieur, elle bravait l'opinion publique et souriait de voir le soir tout ce Coblenz malveillant à ses pieds.

Est-ce à elle qu'ont été dues certaines faveurs qui ont fait crier? Est-ce elle qui a fait obtenir un régiment propriétaire au vieux marquis de Polignac (1)? M. d'Autichamp (2),

---

(1) François-Camille, marquis de Polignac, né en 1719, oncle de la comtesse Diane de Polignac et du comte Jules de Polignac, époux de Gabrielle-Yolande-Martine de Polastron, la favorite de Marie-Antoinette.

(2) Jean-Thérèse-Louis, marquis d'Autichamp, émigra dès 1789, et organisa, à Coblenz, avec trente gentilshommes, un corps de 700 gendarmes, appelé des hommes d'armes à cheval dont il reçut le commandement. Il fit la campagne de 1792, concourut à la défense de Maëstricht en 1793, passa en Angleterre et prit enfin du service en

très en froid avec elle, a-t-il obtenu la gendarmerie par son moyen? Est-ce elle qui a fait chamarrer d'épaulettes les compagnies rouges (1) dont elle ne connaissait pas un individu? Parmi les personnes de sa société même, les faveurs n'ont d'ailleurs point été exagérées. Serait-ce celle de d'Avaray? — Ce qu'il a fait pour Monsieur valait ce que Monsieur a fait pour lui. Serait-ce celle de de Hautefort (2) à qui Monsieur a donné la survivance de premier gentilhomme de sa chambre? — En vérité, il n'y a qu'à Coblenz qu'on ait pu le trouver extraordinaire.

Russie où il resta jusqu'en 1815. Gouverneur du Louvre, il eut, en 1830, à le défendre contre les insurgés. M. d'Autichamp est mort à Paris en 1831, laissant des mémoires qui n'ont point été publiés.

(1) Les gendarmes, chevau-légers et mousquetaires de la maison du roi furent réorganisés à Coblenz sous le nom de compagnies rouges. Le lieutenant-général comte de Montboissier en reçut le commandement.

(2) Le comte Louis de Hautefort, mort dans l'émigragration, père du dernier comte de Hautefort et de Mme de Damas. V. V. Cousin, *Mme de Hautefort*, édit. in-12, p. 248.

Un des amis de Mme de Balbi me l'avait annoncé à Worms, en me confiant ce qui, d'après lui, avait valu à M. de Hautefort cette grâce. Sur des soupçons délicats il est assurément difficile de prononcer, mais tout ce que j'ai vu me fait présumer le contraire (1).

Certains trouvaient que Mme de Balbi se mêlait trop de la maison de Monsieur : la quantité de gens faibles ou mal pensants qui se sont trouvés près de ce prince à l'instant de la Révolution, qui lui ont donné les plus mauvais conseils et sur lesquels Mme de Balbi a eu bien de la peine à l'éclairer, fait regretter qu'elle ne s'en soit pas mêlée plus tôt. Si elle a donné des conseils à Monsieur, ils se sont ressentis à coup sûr de l'énergie de son caractère. Plût à Dieu qu'une semblable éner-

---

(1) « Je passais ma vie chez Mme de Balbi, jouissant de son amitié et faisant ma cour à Monsieur. J'avoue que sur la fin l'on jouait trop gros jeu, mais c'était toujours avec les mêmes personnes, de sorte qu'il ne s'est pas fait chez elle une perte considérable et il est possible qu'à la fin de l'hiver ni le gros gain ni la grosse perte n'aient produit de différences sensibles. » (*Note de l'auteur.*)

gie se fut communiquée à tous les souverains et que l'on eut toujours écarté d'eux les conseillers trop timides ! Que de femmes, à Coblenz, ont fait plus de mal que Mme de Balbi, et ont cependant trouvé grâce devant le public parce qu'elles le soignaient davantage ! Mme de Polastron, (1) maîtresse bien affichée

(1) Louise de Lussan d'Esparbès, mariée au vicomte de Polastron, frère de la duchesse de Polignac. De Coblenz, Mme de Polastron se rendit à Mittau, puis passa en Ecosse. Elle s'établit ensuite à Londres, où son petit salon était le rendez-vous de la société de Monsieur. Atteinte d'une maladie mortelle, elle réclama les secours de l'abbé de Latil, qui exigea l'éloignement immédiat du comte d'Artois. Mme de Polastron y consentit demandant seulement de voir le prince encore une fois, à l'heure de la mort, pour en obtenir une grâce. Quand cette heure fut venue, elle réclama Monsieur. « Une grâce, Monseigneur, dit-elle, soyez à Dieu ! tout à Dieu ! » Le prince tomba à genoux et dit : « Je le jure ! ». Ce serment fut tenu et, quand Monsieur sortit de la chambre mortuaire, il ne restait plus rien du brillant et léger comte d'Artois en celui qui devait être l'austère Charles X.

V. sur Mme de Polastron et ses derniers moments la copie autographiée des *Souvenirs de la duchesse de Gontaut* conservée à la bibliothèque nationale (Réserve, L. n. 27,133,189), M. Ch. Nauroy. *Les derniers Bourbons*, pp. 160-184, et M. Forneron, *Histoire générale des émigrés*, T. II, p. 148.

de M. le comte d'Artois, voyait dans son amant un héros, sans songer que, dans ses bras, il oubliait la gloire et négligeait les affaires. Son air de douceur et de bonté lui avait acquis tous les cœurs. En comparant M. le comte d'Artois à Henri IV, elle se trouvait tout naturellement Gabrielle, mais le grand Henri ne passait pas tous les jours quinze heures chez sa maîtresse, et l'on n'était pas obligé de l'y aller chercher toutes les fois que son devoir l'appelait ailleurs. Les partisans de Mme de Polastron assuraient qu'elle ne se mêlait en rien des affaires, mais il faudrait bien peu connaître le cœur humain pour penser qu'un amour aussi vif peut ne pas entraîner les conseils, pour ignorer que les conseils de l'amour l'emportent toujours sur ceux de la raison.

Si M. le comte d'Artois eut été Louis XIV, Mme de Polastron, aimée et aimante comme Mme de la Vallière, lui eût fait goûter une longue suite de jours heureux, mais la position du prince ressemblait plutôt à celle de Charles VII ; c'était une Agnès Sorel qu'il lui eût fallu, et Mme de Polastron, ne vivant que pour l'amour, n'avait pas les qualités de ce véritable modèle des maîtresses de roi. Elle s'était d'ailleurs associé deux amies très dangereuses, Mmes de Poulpry et de Lâge (1). La première, maîtresse du général Bercheny (2), paraissait l'ennuyer très souvent. L'autre s'était donnée chez Damas, pour avoir quelqu'un dans la maison de Monsieur. Toutes

(1) Béatrix-Etiennette Renart d'Amblimont, épouse de Joseph-Paul-Jean, comte de Lâge de Volude, née à Paris le 17 avril 1764, morte à Bade, le 7 décembre 1842. En 1791, elle laissa la princesse de Lamballe à Aix-la-Chapelle, et fit un premier séjour à Coblenz. Elle y revint, en 1792, et n'en partit que le 14 juillet. Mme de Lâge fut, ainsi que Mme de Poulpry, fidèle jusqu'au dernier jour à Mme de Polastron, chez qui elle logeait à Londres. V. *Souvenirs d'émigration de Mme la marquise de Lâge de Volude, dame de S. A. S. Mme la princesse de Lamballe*, publiés par M. de la Morinerie, et *Souvenirs de la duchesse de Gontaut*.

(2) François-Antoine, comte de Bercheny, maréchal de camp, né en 1744. Il commandait encore, en 1787, le régiment des hussards de son nom, émigra en 1791, et fit la campagne de 1792 à l'armée des princes.

les deux, l'œil étincelant, ardentes au jeu mais plus encore à l'intrigue, en étaient passionnées comme un cosaque de rapine. Le soir, M. de Calonne, fatigué en apparence de ses travaux ministériels mais le plus souvent d'autre chose, venait s'étendre nonchalamment entre elles deux et mentir à plaisir. Là, tous les secrets étaient divulgués ; là, il assurait que les deux tiers de la France étaient pour les princes et qu'il avait des intelligences partout ; là, on entrait en France sans consulter ni le roi, ni Monsieur (car dans ces petits comités ils étaient comptés pour fort peu de chose), en véritables chevaliers français ; l'on envoyait un trompette sommer les villes de se rendre, les portes s'ouvraient et les murailles tombaient. L'on arrivait à Paris au milieu des acclamations et des hommages (je ne sais trop ce que l'on faisait à Paris mais sûrement pas grand' chose pour ne pas perdre de temps), et l'on courait à Versailles. L'on rétablissait Mme de

Polignac dans son salon, M. le comte d'Artois au quinze, tous les freluquets aux pieds de ces dames, et M. de Calonne à la tête des affaires. Il refusait d'abord modestement, puis finissait par accepter. L'on ne songeait plus alors à notre émigration, nos malheurs étaient oubliés, et tout se terminait, dans ce rêve, par une fête au Petit Trianon.

Nous sortions avec ces dames pour aller jouer chez Mme de Balbi, mais là je perdais tout mon mérite. J'étais plus complaisant pour les accompagner à Paris en rêve que pour leur laisser gagner mon argent en réalité. Là, j'étais un homme détestable. D'une main, je leur montrais froidement un quinze qu'elles m'avaient laissé faire en premier et, de l'autre, je prenais leur enjeu. Elles me regardaient avec des yeux terribles, et empruntaient trois louis pour courir après les autres. Quand elles avaient épuisé toutes leurs ressources, M. le comte d'Artois paraissait sur la scène, jouant très bien et très heureusement. Presque toujours, il réparait leurs pertes et leur gagnait quelque chose au delà. J'ai vu une fois Mme de Lâge, tout en jouant dans la chambre de Monsieur, qui était malade, parler politique, lui donner des conseils et lui faire part de ses plans personnels de rentrée en France. Sa politique impertinente eut un mauvais succès car Mme de Balbi, avec l'avantage qu'elle avait sur elle à tous égards, lui fit sévèrement sentir l'inconvenance de ses propos.

Tandis que l'on s'amusait ainsi à Coblenz, Mgr le prince de Condé, ennuyé de l'oisiveté de Worms, persuada à son armée que rien n'était si aisé que de prendre Strasbourg (1). Le vieux de la montagne n'avait pas plus d'empire sur ses disciples que le prince sur les gentilshommes de son armée. Ils le

---

(1) V. Sur la tentative projetée par le prince de Condé sur Strasbourg, V. Th. Muret, *Histoire de l'armée de Condé*, p. 56, et *Récit de ce qui s'est passé de plus remarquable à l'Armée de Condé*, p. 45

croyaient au premier mot et, au milieu de l'hiver, par un temps épouvantable, ils se mirent en marche pour aller prendre possession de Strasbourg. Des émissaires furent envoyés partout pour piquer d'honneur les gentilshommes et les engager à coopérer à cette expédition.

Leur influence se fit sentir jusqu'à Montabaur. Le chevalier de B***, major de mon régiment, et M. de Ch***, qui avaient quitté Worms à regret, ne voulant ni rester quand on allait prendre Strasbourg, ni marcher par le temps épouvantable qu'il faisait, s'agitaient dans leur incertitude ainsi que les Dauphinois qui étaient à Montabaur. Ils murmuraient contre les princes et contre leur inaction, demandant à leurs camarades s'ils voulaient retourner à l'armée de Condé, et déclarant qu'il le fallait, que l'honneur l'exigeait. Ils ne trouvèrent point de prosélytes dans ma compagnie; tous dirent qu'ils ne marcheraient, que quand ils en recevraient l'ordre. Cependant les Dauphinois, esprits remuants et inquiets, criaient toujours qu'il fallait partir, qu'il n'y avait que l'armée de Condé pour faire la guerre, qu'elle ferait l'avant-garde des princes et qu'elle seule verrait des coups de fusil. Quant à Monsieur et Mgr le comte d'Artois, cachés sous les ailes de Mgr le prince de Condé, ils n'oseraient marcher que protégés par lui. Sur ces entrefaites, j'allai à Montabaur, où je trouvai les esprits dans la plus grande fermentation. Persuadé qu'il y a des projets qu'il ne faut pas combattre, j'assurai à ces messieurs que rien n'était si beau que le leur, que j'approuvais leur légitime ardeur et qu'à mon retour à Coblenz, j'en parlerais de suite aux princes. Pendant ce temps, B*** avait persuadé aux Dauphinois que, pour briller à l'armée de Condé, il fallait connaître à fond la manœuvre, et que, bien exercés, ils seraient d'un grand secours pour la prise de Strasbourg. En conséquence, il avait réuni une douzaine d'officiers de ma compagnie que cela divertissait peu, à peu près autant de Dauphinois, et, par un temps exécrable, un verglas horrible, il les exerçait dans la plaine. Malheureusement, les chevaux ne répondant pas au zèle de leurs maîtres, au milieu d'un superbe déploiement, celui de M. de Pannat, père de famille de soixante ans, s'abattit, lui cassa la jambe et l'estropia pour le reste de ses jours.

J'étais retourné à Coblenz et j'avais parlé aux princes du projet de ces messieurs. « Ils sont fous, me répondaient-ils ; dites leur bien qu'il ne se tirera pas un coup de fusil sans nous, et qu'ils restent tranquilles. » Je priai M. le comte d'Artois d'envoyer chercher le commandant des Dauphinois, M. de B***, un vieux fou imbécile et, en le calmant, de me procurer le calme à moi-même. Il eut la bonté de le faire, de lui répéter ce qu'il m'avait dit, ce qui nous donna quelque temps de tranquillité. J'ai passé huit mois avec les Dauphinois et les Provençaux. On m'avait effrayé de la vivacité de ces derniers; je ne saurais dire à quel point j'en ai été content. Dans cette circonstance, le plus ancien, M. de Rustrel, homme d'esprit et de bonne compagnie, me pria au nom de tous de dire à M. le comte d'Artois qu'ils n'étaient pour rien dans les projets de quelques extravagants; que, l'ayant suivi à Turin et de là à Coblenz, leur projet unique, leur vœu le plus cher était de ne le quitter jamais et d'être toujours immédiatement sous ses ordres.

Cette crise passée, je fus quelque temps en repos. Cependant, toutes les fois que j'allais à Montabaur, je m'apercevais que les têtes travaillaient. Le major, surtout vers la fin du dîner, parlait de *monarchiens* et d'*intrigants de cour,* répétant avec humeur sur Monsieur et Mme de Balbi les sots propos des *Trois Couronnes.* Ch*** admirait la pénétration du major, et approuvait avec enthousiasme tout ce qu'il rabâchait. Je fis remarquer à un capitaine de mon régiment, homme aussi sensé que les deux autres étaient déraisonnables, la fermentation des esprits et la crainte où j'étais de quelque nouvelle incartade. Il pensait comme moi et, quelques jours après, nous fûmes ensemble à Montabaur, où ce que nous avions prévu arriva.

On me reçut avec un air farouche et mécontent. Ch*** me dit à voix basse : « Votre ami, si vous restez ; rien, si vous partez. » Alors, avec beaucoup d'humeur, on me fit part du projet d'obliger à rejoindre, pour le 1er février, tous ceux qui étaient inscrits dans ma compagnie ; faute de quoi, le 15, ils seraient rayés. Moi, j'étais condamné à quitter Monsieur ; on me permettrait seulement, tous les mois, d'aller savoir de ses nouvelles. « La compagnie le veut, me dit B*** ; elle va écrire à tous ses membres absents une lettre centrale (rien ne ressemblait plus aux insurrections de France) ; je l'ai faite, la voilà. » Je suis au regret ne ne point l'avoir conservée : je n'ai jamais rien vu de si ridicule. Je souris, et donnai l'ordre qu'à trois heures la compagnie s'assemblât chez moi. J'exposai à ces messieurs l'injustice qu'il y aurait à forcer leurs camarades à venir à Montabaur, où ils n'avaient rien à faire, et à abandonner leurs femmes et leurs enfants, émigrés comme eux ; je dis ensuite que rayer impitoyablement me paraissait une loi bien dure et que, dans tous les cas, ce n'était pas à eux à la porter. Ces messieurs ne trouvèrent alors de leur avis qu'un petit de F***, à la voix glapissante, sans esprit et plein de prétentions. Il voulut parler, mais M. Bazin de la Galissonnière, officier du même régiment, homme sévère à qui l'âge, le mérite et les services qu'il avait rendus à presque tous ses camarades donnaient une grande autorité, ne lui laissa pas le temps d'achever son discours. Il prit la parole, et fit sentir assez durement à ces messieurs l'inconséquence de leur conduite. Les ramenant aux vrais principes, il leur demanda depuis quand une compagnie était devenue un corps délibérant; depuis quand elle avait le droit de s'assembler sans la permission de son chef, et s'avisait d'écrire aux officiers qui la composaient. Il ajouta que, le commandement appartenant à un seul, celui-là seul avait le droit de permettre de s'absenter ou d'ordonner de rejoindre, et que toute délibération prise sans lui était une insurrection. Le major, tenant à la main sa pièce d'éloquence, resta fort embarassé. Ch***, l'œil fixé sur lui, espérant qu'il allait en sortir quelque trait lumineux, le regarda près d'un quart d'heure, sans pouvoir en obtenir rien de satisfaisant. On déchira enfin la lettre centrale, et chacun s'en fut chez soi fort paisiblement. L'assemblée dissoute, je dis vertement au major ma façon de penser sur sa conduite. Depuis ce temps, nous avons toujours été froidement ensemble. Les Dauphinois le persiflèrent alors et le délaissèrent; Ch*** lui-même commença à le croire un homme au dessous du commun.

Vers ce temps, l'empereur mourut. Comme on assurait toujours les Français de la pureté de ses intentions, il fallut le regretter ou, du moins, en avoir l'air. Je ne sais si ces intentions étaient telles qu'on les disait mais, en tout cas, ses préparatifs n'y répondaient guère.

Lorsqu'il fut décidé que la noblesse française irait combattre sous les étendards des princes, formant une armée séparée, l'on songea à éloigner Madame, et l'on envoya proposer au roi de Sardaigne de lui donner asile. Il y consentit avec joie, mais à la condition qu'elle laisserait tous ses gens à la frontière et serait servie par une nouvelle maison que le roi composerait à son gré. Cette proposition sage fut trouvée humiliante, et l'on envoya un second courrier pour demander la permission de conserver au moins une partie de l'ancienne maison. Le bon roi y consentit, en s'en rapportant à la discrétion de sa fille qui emmena sa maison tout entière.

Monsieur, en bon mari, voulut reconduire

Madame. Le premier projet fut d'aller avec Mgr le comte d'Artois jusqu'à Mayence, en passant par Francfort. Ce projet ne plut pas à Mᵐᵉ de Polastron. Quatre jours sont malaisément ravis à une amante, à la veille d'une séparation longue et dangereuse. Ses larmes coulèrent, et, d'un autre côté, ses deux compagnes, furieuses de l'espèce d'avantage que Mᵐᵉ de Balbi obtenait sur leur maîtresse, — car tout le monde savait bien que ce n'était pas Madame qu'on reconduisait, — jetèrent feu et flamme, et déclarèrent que les princes pouvaient courir à Francfort les plus grands dangers.

Sures que Mgr le comte d'Artois n'irait pas (quel est le héros qui sait résister aux larmes de la beauté ?), elles voulurent encore empêcher Monsieur de partir. Je savais qu'il devait me mener avec lui, et je craignais beaucoup qu'on ne le dégoûtât de ce voyage. Mᵐᵉ de Polastron, me croyant un crédit que j'étais bien loin d'avoir, me prit en particulier pour me dire combien il était ridicule à Mme de Balbi de désirer que Monsieur s'exposât pour la voir deux jours de plus, et me prêcha dépense et danger. J'eus l'air d'ignorer jusqu'au projet de voyage, et elle en resta là. Cependant la chose fut arrangée à l'amiable, le différend fut partagé par la moitié et Monsieur ne fut qu'à Mayence.

Il passa par Montabaur ; je l'escortai avec une partie de ma compagnie, et continuai ensuite avec lui le voyage. Nous trouvâmes des chemins horribles. Il fut obligé de descendre, ainsi que Mme de Balbi, et de tenir nos chevaux par la bride, pendant que nous dégagions les roues de sa voiture.

Nous arrivâmes fort tard à Mayence. L'électeur (1) envoya au devant de Monsieur cent

---

(1) Frédéric-Charles-Joseph, baron d'Erthal, électeur et archevêque de Mayence depuis 1774. Hostile aux principes révolutionnaires, il poussa l'amitié pour les émigrés jusqu'à l'imprudence, humiliant à dessein Villars, l'ambassadeur français, et le laissant s'égarer faute de guide dans les cuisines du palais électoral. Villars outré

hussards avec des flambeaux. Ils les éteignirent sur le pont, le seul endroit où l'on en eut besoin ; les postillons accrochèrent le parapet et pensèrent verser Monsieur dans le Rhin. Ce prince m'envoya chez l'électeur pour lui témoigner le désir de le voir, mais en me chargeant de faire en sorte que ce bonheur fut remis au jour suivant. L'électeur le sentit et la visite fut différée.

Madame devait partir le lendemain. Elle désira, — Mme de Balbi le désirait surtout, — rester un jour de plus. M. de Virieu, chargé de

---

quitta Mayence, le 18 juillet 1792. Le 19, l'archevêque couronnait à Francfort le dernier empereur d'Allemagne. Un grand congrès de princes eut lieu ensuite à Mayence, et l'électeur y donna l'hospitalité à l'empereur, aux rois de Prusse et des Deux-Siciles, aux électeurs de Trèves et de Cologne. Malheureusement ces semaines de grandeur ne précédèrent que de quelques mois l'envahissement de l'électorat. En octobre, l'électeur fugitif quittait sa ville épiscopale dans un carrosse sans armoiries et, le 21 de ce mois, les français prenaient Mayence. L'électeur y rentra néanmoins en juillet 1794, après le fameux siège. Mais, en 1797, les Français revinrent à Mayence, et l'électorat fut à jamais perdu pour le baron d'Erthal.

la pénible commission de conduire toute cette cour à Turin, représenta vainement que, les chevaux étant commandés, le retard d'un jour augmentait la dépense de cinq cents louis. Il ne fut pas écouté, et Madame resta.

L'électeur vint nous chercher dans des voitures de la plus grande élégance. Après un excellent déjeuner, nous fûmes à la Favorite (1), en passant par la colonie. Rien ne m'y frappa que la beauté des gardes de l'électeur et la bonté de son cuisinier. Du reste notre voyage fut attristé par la nouvelle de la mort du roi de Suède. M. de Bouillé m'en parut accablé. Outre la perte générale, il en faisait une particulière. Il la sentait vivement et me le dit, en me rassurant cependant sur l'avenir.

Nous passâmes deux jours à Mayence,

---

(1) C'est au château de plaisance de la Favorite que l'empereur et les rois se réunirent en juillet 1792, et que fut rédigé le fameux manifeste du duc de Brunswick. C'est sur l'emplacement de ce château, détruit en 1793, qu'a été créée la promenade des *Neue Anlage.*

Madame partit avant nous, et la séparation se fit convenablement avec des larmes d'une part et de l'attendrissement de l'autre (1).

Nous partîmes pour Bingen où Mgr le prince de Condé était alors et où Mgr le comte d'Artois, pour ne rien dérober à l'amour, se rendit directement de Coblenz. Monsieur reçut les hommmages de toute l'armée de Condé.

J'étais un peu inquiet de ma réception. Non seulement, j'avais, aux yeux de cette armée, le tort de l'avoir quittée, mais encore d'en avoir fait partir les officiers de mon régi-

---

(1) V. dans les *Mémoires du marquis de Bouillé* (Ch. XVI-XVIII) ses relations avec le roi de Suède et les projets formés par le malheureux prince de concert avec lui. « Dès que j'appris la mort du roi de Suède, je quittai le service de cette puissance : je m'étais lié, pour ainsi dire, au sort de deux monarques également malheureux. Je résolus de ne plus m'attacher à aucun, de me mettre à l'abri des coups de la fortune. »

La fille du marquis de Bouillé, Cécile-Émilie-Céleste-Eléonore, avait épousé le plus jeune frère de M. de Contades, François-Jules-Gaspard. Elle mourut à Paris, le 16 mai 1801

ment. A ces torts je joignais celui d'être aide de camp de Monsieur, que cette armée croyait seul à s'opposer à notre entrée en France, et surtout celui d'être ami de Mme de Balbi. Monsieur m'ayant en outre emmené seul de ses aides de camp, sans que ce fut mon tour à marcher, l'on en donnait une raison singulière, assurément bien éloignée de la vérité, mais peu propre à effacer mes autres torts.

Je fus reçu froidement. Les princes me dirent un mot pour n'avoir pas l'air de me mal recevoir. Mme de Monaco (1), qui s'était chargée dans l'armée de la partie des recrues, qui m'avait compté parmi les siennes et à laquelle je m'étais dérobé, me jeta un regard dédaigneux et ne me parla pas.

Je vis arriver pour sa visite de corps mon ancienne compagnie, celle que l'on me con-

---

(1) Catherine-Brignole, nièce du doge de Gênes, épouse d'Honoré III, prince de Monaco. Présentée à la cour en 1761, elle inspira la passion la plus vive au prince de Condé qui l'épousa après la mort de son premier mari, survenue en 1799. Catherine Brignole mourut en 1813.

servait, même quand j'étais en France, en disant que l'on était sûr de moi, celle que j'avais désorganisée en en tirant mes officiers. J'allai au-devant d'elle, et je fus très bien reçu Elle avait à sa tête M. de Bellerose, lieutenant-colonel de mon régiment, excellent officier, plein de valeur, connaissant admirablement les hommes et les moyens de les conduire. Malheureusement sa santé l'avait forcé d'aller à Baden prendre les eaux, pendant l'insurrection qui me fit renoncer à mes projets et me força de partir. Je suis persuadé que, si je l'avais eu avec moi, les choses auraient tourné différemment. Il prétendait bien que j'avais quelques torts avec lui, et n'approuvait pas que j'eusse quitté l'armée de Condé. J'allai à lui et l'embrassai de tout mon cœur, et nous fûmes trop aises de nous voir pour parler d'autre chose dans le premier moment. Il a dit depuis que, dans le second, il comptait me faire quelques reproches. Comme je ne l'ai pas revu, je l'ai toujours ignoré,

Nous partîmes le lendemain sur un yacht avec nos deux princes pour retourner à Coblenz. Mgr le prince de Condé et Mgr le duc d'Enghien (Mgr le duc de Bourbon avait mal à la jambe) les reconduisirent à la tête d'une partie de leur armée jusqu'au rivage. Il faisait un temps superbe et nous partîmes aux cris répétés de *vive le roi! vivent nos princes!* Nous passâmes devant beaucoup de cantonnements français qui nous saluèrent avec ces cris autrefois si chers à la nation, et nous arrivâmes le soir même à Coblenz.

Depuis le départ de Mme de Balbi, le séjour en devint fort triste ; j'y demeurai une partie du temps, et le reste à Montabaur. Enfin nous eûmes l'état des troupes qui devaient marcher à notre secours, nous sûmes leurs jours de marche et ceux de leur arrivée. La joie fut générale et chacun se crut déjà dans sa patrie. Il fallut quitter Montabaur qui se trouvait sur la route des Prussiens. Nous en partîmes dans les premiers jours d'août pour nous rendre à Moselkern. En passant à Coblenz, je joignis aux chasseurs que j'avais déjà, les officiers des dragons d'Angoulême, de manière que je réunis quatre-vingt-trois officiers, ayant tous manœuvré et tous superbement montés. Ma compagnie se trouva ainsi, sans lettre centrale, la plus belle et la plus nombreuse de l'armée. M. de M***, lieutenant colonel du régiment de dragons, fut colonel en second ; mon major passa major d'aile, ce qui le rendit très heureux. Moi, je le fus infiniment d'en être débarassé et d'avoir avec moi un homme sociable et qui avait déjà fait la guerre. Je n'ignorais pas les propos qui avaient été tenus sur l'émigration tardive de messieurs d'Angoulême, mais ils avaient des lettres des princes pour rester jusqu'au dernier moment, nous n'avions pas encore fait un pas vers la France, et, en un mot, ils avaient pris le parti que j'aurais voulu prendre moi-même. Malheureusement l'exagération était poussée au-delà de toutes les bornes, et la plupart des émigrés voulaient condamner à mort, en rentrant en France, tout ce qui y était resté. Je combattais autant qu'il m'était possible cette opinion extravagante, qui nous a fait tant de mal. Je disais continuellement : « L'on peut vaincre les Français ; le difficile est de les persuader, et l'on ne soumet pas sans la persuasion une nation aussi nombreuse. Ne vous créez pas d'ennemis, — vous en avez assez, — et alliez à une sévérité terrible pour les scélérats un peu de douceur pour ceux qui n'ont été que faibles. Songez que ce sont des Français que vous allez combattre, que c'est en France que vous entrez, et que vous vous ressentirez longtemps des maux que vous y allez faire. Pensez que la France est le pays que vous devez habiter, que vos ennemis de demain sont les hommes avec qui vous devez vivre et même les soldats qu'un jour vous devez commander. »

Après une marche assez longue et pénible,

nous arrivâmes au haut d'une montagne d'où nous aperçûmes, au fond d'un précipice, le hameau de Moselkern qui nous était assigné comme cantonnement. Il fallut descendre à pied et avec bien de la peine pour nous y rendre. Nous y fûmes assez bien établis; l'on voulait nous y rançonner comme on avait fait ailleurs, mais, las de nous voir à la merci de nos hôtes, je fixai des prix raisonnables. Il y eut un petit mouvement de mécontentement, mais on murmura sans agir et tout, en somme, se passa fort bien.

Le roi de Prusse, le duc de Brunswick et l'armée prussienne arrivèrent à Coblenz. Les exagérés qui nous ont fait tant de mal à l'intérieur et tant discrédité chez l'étranger, ne voulurent plus être habillés, coiffés, culottés, bottés qu'à la prussienne et, comme ils outraient toujours tout, ils devinrent de véritables caricatures.

Le roi de Prusse annonça le jour où il devait passer sa revue. Je me proposai de ne pas manquer ce spectacle ; commandant de Moselkern, je me fis un passeport et je m'acheminai vers Coblenz. A peine avais-je fait une lieue que je trouvai un poste de hussards d'Eben. Ils examinèrent mon passeport et me dirent qu'il était en règle, que cependant il y manquait un cachet noir (deuil de l'empereur), et me laissèrent passer. Je fus très fâché de n'avoir pas su qu'il en fallait un : il ne m'aurait pas plus coûté que le rouge que j'y avais apposé. Il prit malheureusement un remords au bas officier, commandant du poste, qui envoya un hussard après nous pour nous conduire au poste de l'officier. Celui-ci nous reçut très bien, mais nous dit que, sans le cachet noir, il ne pouvait pas nous laisser passer, et nous envoya à la grand'garde, commandée par un officier, qui, disait-il, ferait son possible pour nous obliger. Le capitaine, aussi difficile que les autres, nous dit que, sans le cachet noir, il était impossible d'aller plus loin et qu'il allait nous faire mener au général qui en déciderait. Si j'avais prévu que sa décision allait être de nous promener tout le jour de poste en poste, j'aurais bien vite pris celle du retour. Nous tombâmes dans les mains des cuirassiers qui nous conduisirent au quartier général. Le général était absent et ne devait revenir que le soir. Je parlai à l'officier commandant sous lui qui, dès qu'il eut vu ce maudit cachet rouge, dit que, pour rien au monde, il ne nous laisserait faire un pas en avant. L'impatience me prit et je demandai à m'en retourner. Nouvelles difficultés ; enfin, après mille explications et prières, on nous permit, en nous renvoyant de poste en poste, de nous en retourner d'où nous venions.

Nous arrivâmes le soir, fort peu satisfaits de notre campagne. Le lendemain, je mis le cachet noir et, filant le long de la Moselle, j'arrivai pour la seconde revue, sans presque trouver d'obstacles. Le temps était assez beau mais le terrain se ressentait des pluies qui avaient déjà commencé. Je vis le roi passer la revue de l'aile gauche dans la forme ordinaire. J'admirai la tenue, mais surtout le calme et le sang-froid des officiers et des soldats. Là, point de criailleries : chacun sait ce qu'il doit dire et faire. J'espérai alors beaucoup, je l'avoue, surtout d'après la réputation du duc de Brunswick(1).

L'armée se mit en marche et, le 30 juillet, nous nous acheminâmes vers la France. Notre première journée fut à Laubbach ; de là nous allâmes à Güldenthal, où nous passâmes quelques jours, et ensuite à Euren, à une demi-lieue de Trèves.

(1) Le duc de Brunswick avait appris l'art de la guerre à l'école du grand Frédéric et, grâce aux éloges de ce maître, passait, avant la campagne de 1792, pour le premier capitaine de l'Europe. Tous furent donc surpris de la mauvaise ssue de cette campagne, et ceux qui ne le soupçonnèrent pas de trahison, l'accusèrent tout au moins d'incapacité. Ce jugement fut confirmé par Napoléon Ier. On lit en effet dans le *Mémorial de Sainte-Hélène* (T. VII, p. 255) : « Napoléon faisait peu de cas du duc de Brunswick qui, avec un projet offensif, n'avait fait, disait-il, que dix-huit lieues en quarante jours. »

Les appointements du dernier mois nous étaient dus, et il n'y avait plus un sol dans la caisse. La totalité ne nous était pas nécessaire, — nous allions entrer en campagne et avoir les rations de bouche et de fourrage, — mais la plus grande partie de nos officiers n'avait pas de quoi acheter un peu de fromage et d'eau-de-vie. J'en parlai à Monsieur ; il eut la bonté de me donner vingt-cinq louis de sa poche qui nous furent bien utiles pendant la campagne. Je l'en remerciai avec l'expression de la plus vive reconnaissance — car, même à cette époque, vingt-cinq louis étaient beaucoup pour lui — et l'assurai de tous mes sentiments de gratitude pour une bonté parfaite dont le souvenir ne s'effacera jamais de mon cœur. Il me répondit : « J'y compte bien, et vous me le devez (1). »

(1) Le comte de Provence témoignait alors à M. de Contades des sentiments d'amitié véritable dont, malgré un refroidissement postérieur, son ancien aide de camp garda toujours le souvenir le plus reconnaissant. En 1794,

Nous partîmes pour nous rendre à Biwer, où les autres compagnies qui devaient composer la brigade nous rejoignirent. Elle y prit le nom de brigade de Monsieur, parce que la plus ancienne compagnie était composée de Monsieur-Dragons. L'on nous donna quatre officiers généraux pour nous commander, dont deux seulement nous rejoignirent à Bi-

quand à Ostende, M. de Contades, dut commander un corps à la solde anglaise, Monsieur lui écrivit la lettre suivante pour lui recommander le chevalier d'Avaray.

A Turin, ce 12 avril 1794.

Tout ce qui vous arrivera d'heureux, Monsieur, me fera toujours plaisir, surtout quand le bien du Roi s'y trouvera aussi. Ainsi vous pouvez juger avec combien de satisfaction j'ai appris la grâce que vous avez obtenue et combien j'approuve que vous l'acceptiez. J'aurais bien mieux aimé que les circonstances nous eussent fait servir ensemble, mais nous nous retrouverons. Je n'aime pas beaucoup à faire des recommandations, mais j'ai trop d'amitié pour d'Avaray et vous pour être embarrassé de vous prier de placer son frère le chevalier dans le corps que vous allez commander. C'est un bon sujet, un bon soldat, et je crois que vous n'aurez qu'à vous en louer de toutes les façons.

Vous connaissez, Monsieur, tous mes sentiments pour vous.

Louis-Stanislas-Xavier.

L'amitié que Mme de Balbi avait constamment témoignée au comte de Contades le compromit plus tard

wer : M. le marquis de Verteillac et M. le marquis de Coigny. Le premier commandait l'escadron de Chartres-Dragons et Périgord-Province. Il sortait de la gendarmerie, et avait été employé au camp de Metz, en 1788, sous le maréchal de Broglie. Quand il fallut faire manœuvrer sa brigade de dragons, il se mit à la tête et lui fit faire route dans la plaine. On lui demanda une manœuvre : il la fit changer de main et la promena dans l'autre sens. Le fanatisme de la manœuvre était alors dans toute sa force, et l'on se moqua du petit général, comme si le talent d'un général était de faire pirouetter une troupe dans un carré. On le jugea hors d'état de commander jamais,

près du comte de Provence, qui retira sa faveur à son ancien aide de camp. Nous avons dit que Louis XVIII, dont les rancunes duraient, refusa de recevoir Mme de Balbi quand il fut sur le trône. Au retour des Bourbons, ce fut au comte d'Artois, qui lui avait fait à l'Ile d'Yeu et en Angleterre l'accueil le plus bienveillant, que M. de Contades préféra s'adresser pour appuyer ses droits à la pairie. Le roi le reçut néanmoins dans la suite avec beaucoup de bonté.

ce qui ne l'empêcha point, pendant la campagne, de montrer beaucoup d'activité et d'intelligence.

Le marquis de Coigny commandait le quatrième escadron, composé de Franche-Comté-Chasseurs et Picardie-Chasseurs, qui était ma compagnie. Ce général s'était occupé beaucoup de son métier et le savait très bien, mais, après avoir commandé plusieurs régiments, il se vit avec chagrin à la tête d'un escadron et s'en occupait fort peu. Rien en effet n'était plus ridicule que de mettre un officier général à la tête de cent huit hommes. Je disais quelquefois à ces messieurs qu'on leur gâtait le coup d'œil et qu'après la campagne, il n'y en aurait pas un en état de commander dix mille hommes. Ils ont bien prouvé que ma prédiction était vraie.

De Biwer nous fûmes à Hott, où nous attendîmes la prise de Longwy. M. de Palis vint y prendre le commandement de la brigade. Il n'y a jamais eu d'homme plus ridicule. Plusieurs attaques d'apoplexie l'avaient absolument dépouillé de ses sens. Esclave de ses gens, qui l'emballaient dans sa voiture à l'heure qui leur convenait et par conséquent réglaient celle de notre départ, irascible et entêté, ne s'en rapportant qu'à lui et croyant toujours qu'on voulait empiéter sur son autorité, tel fut le général destiné à commander une brigade de troupes légères. Il joignait à tout cela le plus grand penchant à l'insubordination, et je lui ai entendu, pendant la campagne, faire à M. de Jaucourt les représentations les plus indécentes.

Les derniers jours d'août, Longwy se rendit et nous entrâmes en France, après avoir reçu une lettre des princes qui invitait à l'indulgence. Nous étions bien heureux et jouissions d'avance d'un succès qui ne nous paraissait pas douteux : l'avenir le plus consolant s'offrait à nos regards. Nous comptions que Thionville n'attendait que les frères du roi pour leur ouvrir ses portes; nous ne calculions plus les années, ni les mois, mais seulement les jours de souffrance que notre royal maître avait encore à supporter.

Adoucis par la pensée du succès, les désirs de vengeance n'étaient plus aussi vifs, et l'on ne pensait guère à autre chose qu'au bonheur. Que j'étais loin alors de prévoir qu'avant deux mois, forcés de fuir sans nous être battus, nous devrions demander de quoi vivre à des puissances qui avaient promis de nous sauver et qui ne l'avaient point fait! Que ne suis-je encore à ce même Roussy, où l'espérance seule remplissait mon cœur! Nous y passâmes dix jours, attendant à chaque moment la nouvelle de la prise de Thionville.

Pendant ce temps, le roi de Prusse avançait et prenait Verdun. Nous le voyions déjà à Paris sans nous, et commencions à murmurer. L'on se décida enfin, las de sommer Thionville et n'ayant pas de quoi l'assiéger, à y laisser l'infanterie, et les princes partirent avec la cavalerie pour rejoindre le roi de Prusse.

Après deux jours de marche par un temps et des chemins affreux, nous traversâmes Verdun, où le baron de Breteuil était déjà arrivé, et nous allâmes à Béthenville.

Le marquis de Jaucourt (1) vint prendre le commandement de l'avant-garde dont nous fîmes partie. Elle était composée de la brigade de Monsieur, des hussards de Bercheny, des chasseurs de Polignac et d'environ deux cents hommes d'infanterie. L'ordre arriva de nous

---

(1) D'après la duchesse d'Abrantès (*Mémoires*, T. XVIII, p. 208), le marquis, alors comte de Jaucourt, aurait été l'un des auteurs de la fortune de Mme de Balbi. « Ce fut un arrangement presque politique entre M. de Jaucourt et d'autres personnes qui entouraient Monsieur, et qui voulaient l'avoir à eux seuls hors de la puissance de Madame. » Ce service fut reconnu par Mme de Balbi, et Mercy, le 16 septembre 1780, en informe Marie-Thérèse : «... La comtesse de Balbi qui prend intérêt à un comte de Jaucourt. » V. aussi M. Forneron, *Histoire générale des émigrés français*.

faire partir sur-le-champ pour aller joindre l'armée de Clairfayt qui avait besoin de renfort. Il paraissait certain que nous marchions pour livrer bataille dans les plaines de Champagne. Notre bonheur était extrême en nous voyant à la veille de nous battre. Nous sentions qu'excepté ce jour-là, un corps de gentils hommes est difficile à conduire et embarrassant à employer. Nous allâmes à Consenvoye et, de là, à Buzancy. Les Autrichiens avaient un peu pillé ce dernier village, et nous commençâmes à avoir un échantillon des malheurs de la guerre. Cependant rien encore n'annonçait la dévastation. Plus loin, nous vîmes les abatis que les patriotes avaient fait pour arrêter les Autrichiens et le champ de bataille de la Croix-au-Bois, où mon malheureux ami (1), le prince de Ligne, a péri victime de l'excès de son courage. Si jamais poste fut

(1) L'affaire de la Croix-aux-Bois eut lieu le 14 septembre. Chacun dans l'armée royale rendit hommage à la valeur du jeune prince de Ligne. V. *Mémoires de Ville-*

inexpugnable, c'était celui-là. il a fallu l'audace des Autrichiens pour l'attaquer, leur courage et leur opiniâtreté pour l'emporter. Nous vîmes les soldats revenir du combat, ne désirant que l'occasion de courir à de nouveaux dangers. Ils ne regardaient pas alors les patriotes comme invincibles, et ne s'amusaient point à traiter avec eux ! Ils se croyaient sûrs de les battre, ne demandant qu'à les attaquer pour les vaincre, et pourtant ils n'avaient point encore les gentilshommes avec eux. Ces braves gens nous disaient : « Ah ! quel plaisir ! Si vous y aviez été, il n'en serait pas revenu un seul. Mais nous

---

neuve-Laroche-Barnaud (T. I. p. 82) : « Je passai, le 15 septembre, sur le champ de bataille de la Croix-aux-Bois, où la veille les révoltés avaient été battus ; je rencontrai un convoi funèbre, escorté par quelques troupes étrangères, et qui se dirigeait vers le Hainaut... C'était le corps du jeune prince de Ligne, tué dans ce combat : on le portait au malheureux père dans sa terre de Belœil !... Ainsi périt, à la fleur de l'âge, le digne rejeton d'une tige illustre. »

n'avions pas de chevaux pour les poursuivre. »

Après avoir attendu quelque temps sur la chaussée, nous nous repliâmes sur Authe, village dont les hussards autrichiens avaient tiré une vengeance éclatante, parce que l'on avait été chercher douze patriotes à deux lieues et fait massacrer deux de leurs camarades. Tous les habitants s'étaient sauvés dans les bois. Le maire seul, obligé de rester à son poste, y était encore avec quelques femmes. Tout était brisé dans la chambre qui m'était destinée; l'on y avait égorgé une vache, et ses entrailles s'y trouvaient encore. Nous tuâmes quelques oies et quelques poules, mais tout nous manquait pour les accommoder. Nous parlâmes au maire, l'assurant que nous ne voulions tuer personne, que nous payerions même ce qu'on nous donnerait. Les plus hardis vinrent auprès du village. Nous leur promîmes sécurité. Ils retournèrent chercher leurs femmes et leurs enfants, et ils rentrèrent tous dans leurs foyers. Ils s'étonnèrent de ne point nous trouver ce qu'on cherchait à nous peindre à leurs yeux, des tigres dévorants altérés du sang de nos concitoyens. Le reste de la France s'éclairera peut-être un jour comme eux sur les véritables auteurs de nos maux et des siens. Dieu veuille qu'alors il soit encore temps de les réparer! Dès que les propriétaires furent rentrés dans leurs maisons, tout ce qui avait été caché nous fut offert et la confiance fut établie.

L'ordre arriva de nous porter le plus promptement possible à la gauche de l'armée de Dumouriez, retranché aux Islettes, dans les plaines de Champagne. C'était un poste excellent dont il n'avait cependant pas tiré tout le parti possible. Son front était trop étendu pour ne pas présenter des endroits très attaquables et même faibles. Tous les gens du métier en sont convenus.

Le roi de Prusse, ou plutôt le duc de

Brunswick, devait attaquer le 29 septembre. Pour arriver à temps, nous dûmes partir d'Authe bien avant le jour. Nous fîmes une halte de trois heures, et nous nous mîmes en marche pour arriver à Saint-Souplet. Malheureusement notre avant-garde prit le guide avec elle et, la nuit devenant fort obscure, nous les perdîmes de vue. Nous nous trouvâmes égarés dans les immenses plaines de la Champagne et très près d'un camp de six mille patriotes. M. de Jaucourt fit arrêter la colonne, recommanda le silence, envoya des hussards reconnaître le pays et tâcher de trouver un guide.

Après avoir attendu fort longtemps, un adjudant de Bercheny en amena un, qu'il avait pris de force dans un village. Nous arrivâmes enfin à Saint-Souplet, où il y avait encore un poste de patriotes qui reconnut très militairement notre avant-garde, ignorant absolument qui nous étions. Les hussards tombèrent sur eux à coups de plat de sabre, et ces braves jetèrent sur le champ leurs fusils pour mieux courir. Nous nous reposâmes quatre heures au bivouac, et nous nous rendîmes à Somme-Snippe, une demi-lieue en avant des princes. Là, nous nous préparâmes à la bataille que nous regardions comme certaine pour le lendemain. Nous nous jetâmes sur la paille, attendant impatiemment le jour qui allait décider du sort de la France et du nôtre. Enfin le soleil parut; on nous fit mettre à nos chapeaux le branchage vert, signal de guerre autrichien, et arborer nos écharpes. Les princes vinrent déjeuner chez M. de Jaucourt, et nous montâmes à cheval.

L'avant-garde prit la tête de la colonne. Nous nous dirigeâmes vers la Croix-de-Champagne, laissant à notre gauche les colonnes de l'armée de Clairfayt. La cavalerie des princes était de huit à dix mille chevaux; sa force, un jour de bataille, ne pouvait pas se calculer. Nous avions tous un père, une mère, une femme, des amis à venger, et la cause pour laquelle nous nous battions nous était personnelle. Nous marchions avec ardeur, mais dans le plus grand ordre. Le bonheur était peint sur tous les visages. Je voyais cependant avec chagrin le soleil s'approcher de l'horizon sans que nous entendissions un coup de canon.

Après quelques haltes, on nous fit mettre pied à terre pour bivouaquer. Je dissimulai mon chagrin, mais, dès lors, toute espérance fut perdue pour moi. Je m'avançai un quart de lieue, et je vis distinctement le camp des patriotes, celui des Prussiens et celui des Autrichiens. Des gens qui se croyaient bien instruits prétendaient me prouver par la position des armées que Dumouriez ne pouvait pas échapper. A peine étions-nous établis que nous eûmes ordre d'aller bivouaquer en avant de Saint-Rémy, qui était à une lieue de là. Ce village avait été dévasté par les chasseurs, et nous n'y trouvâmes rien.

M. de Jaucourt prit les plus grandes précautions et veilla comme d'ordinaire à la sûreté de sa petite avant-garde, dont dépendait celle des princes. Il plaça des grand' gardes et poussa de fortes patrouilles jusqu'à deux lieues en avant. Je fus détaché avec un piquet de cinquante maîtres à un moulin à cinq ou six cents pas du village, du côté de Châlons. Couvert par des postes de hussards, je plaçai des vedettes et des petits postes intermédiaires du côté de Reims, surtout pour n'être pas surpris. En général, nos gentilshommes avaient bonne volonté, mais, quand il s'agissait d'aller en vedette par la pluie, celui qui devait marcher ne se hâtait jamais de se présenter, et quelquefois il n'arrivait pas du tout (1).

(1) « Aussi, avant de mettre pied à terre, je prenais les noms de tous les officiers de mon piquet, je les inscrivais par ancienneté, fixais les heures où ils devaient aller en patrouille ou en vedettes, le temps qu'ils devaient y rester et, lorsque l'heure était arrivée, je les appelais si haut par leur nom que, quelque endormis qu'ils fussent, ils m'entendaient toujours et n'osaient alors faire de représentations pour marcher. » (*Note de l'auteur*).

Entre onze heures et minuit, après avoir visité mes vedettes, je me couchai le long du mur de la maison, un peu à l'abri du toit; une moitié de mon piquet était autour d'un grand feu et l'autre partie dans une petite chambre. J'ôtai mon sabre et le mis près de moi.

Il n'y avait pas une demi-heure que je sommeillais, quand je m'entendis appeler. Je pris mon sabre, je me levai et je reconnus un aide de camp de M. de Jaucourt qui, lui-même, était un peu plus loin. Il me dit très bas, de sa part, de faire monter promptement ma troupe à cheval. Il ajouta que les patriotes avaient repoussé les postes de hussards, que ceux-ci se repliaient et qu'il fallait les soutenir, pour donner le temps au reste de l'avant-garde de monter à cheval.

Je courus à la petite chambre dire à la moitié de mon piquet de brider ses chevaux et, moi-même, je mis mon sabre derrière la porte pour brider le mien. Dans le désordre, j'oubliai où je l'avais mis, et je fus près de marcher à l'ennemi sans armes. J'étais au désespoir : M. de Jaucourt m'appelait et commençait à s'impatienter. Je ne connais pas de position plus cruelle. J'avais perdu tout espoir, lorsque j'aperçus le chevalier de Q***, qui me dit que rien au monde ne pourrait le décider à marcher, qu'il souffrait des douleurs inouïes. Je le plaignis promptement, lui permis de rester, pris son sabre et partis.

A peine avions-nous fait six cents pas que nous entendîmes derrière nous, dans la direction du moulin, une fusillade, dont une balle atteignit à la joue M. Tournin, aide de camp de M. de Jaucourt, lui coupa l'oreille, et le jeta à bas de son cheval.

Je ne doutai pas un instant qu'un détachement de patriotes n'eut tourné les postes avancés pour surprendre le reste de l'avant-garde, tandis qu'un autre les attaquait. Je voyais notre situation très mauvaise. Il ne paraissait pas possible que le reste de l'avant-garde fût encore à cheval et si il y était, je craignais tout au moins que ce ne fût dans un grand désordre.

M. de Jaucourt, se mettant à notre tête, m'ordonna de charger avec ma troupe dans la direction où nous avions été tirés. Je fis faire demi-tour à gauche et, réparant autant que possible le désordre occasionné par la fusillade, l'ardeur de ces messieurs et l'obscurité de la nuit, je me portai au galop du côté où j'avais vu le feu. Nous arrivâmes contre les haies du village sans avoir trouvé aucun ennemi. Pendant ce temps, le reste de l'avant-garde se formait en bataille. Je me reportai en avant et ne découvris aucune trace d'ennemis. On renforça les postes avancés qui avaient été attaqués et avaient eu deux hussards de tués, deux de pris et un cheval tué.

Jamais l'on n'a pu savoir au juste qui avait tiré sur nous. Quelques personnes ont cru que c'était une patrouille de Bercheny. Dans ce régiment, l'on protesta que non, et l'on n'aurait point eu, au reste, à s'en vanter. Pour moi, je crois que c'était une patrouille ennemie qui, profitant de la profonde obscurité, s'était avancée jusqu'au feu de la grand' garde pour tirer dessus, si elle pouvait la surprendre et s'en aller ensuite, et qui, se trouvant entre le feu, où il n'y avait plus personne, et nous, a tiré et s'est enfuie. Les vedettes me rendirent compte qu'elles avaient vu une petite troupe s'en allant grand train, un instant après qu'on avait tiré.

Je poussai des patrouilles du côté de Reims et j'envoyai les hussards du côté de Châlons. Sur les rapports que me firent les patrouilles de n'avoir rien vu, je repris mon poste à mon moulin, où je retrouvai enfin mon sabre.

Le crépuscule paraissait à peine, quand mon domestique vint me dire que toute l'avant-garde était partie. Je crus être oublié, et la position certes n'était point bonne.

J'envoyai un officier à M. de Jaucourt qui me fit dire de former son arrière-garde, en éclairant sa droite. Nous passâmes toute la journée devant le village de la Croix-de-Champagne, si célèbre dans l'histoire de notre malheureuse campagne. Vers le soir, on nous fit marcher du côté de Châlons pour intercepter un convoi. Après nous être mis en bataille et l'avoir inutilement attendu, nous vînmes nous établir à la Croix-de-Champagne, entièrement dévastée et où l'eau manquait absolument. L'on nous faisait mille rapports divers sur ce qui se passait aux autres armées. Les gens ardents entendaient toujours le canon et annonçaient la bataille pour le lendemain ; d'autres au contraire parlaient de traité. J'étais au désespoir en entendant ce mot, car je savais le duc de Brunswick moins fin que Dumouriez. Le marquis de Deux-Ponts vint nous voir ; son air mystérieux ne me fit rien augurer de bon. Le temps était affreux ; la pluie froide et continuelle. Nous couchions dans des granges à peine couvertes, nous avions tous la dyssenterie, et cependant l'espoir nous soutenait encore un peu. Deux de mes officiers abandonnèrent cependant la campagne à cette époque : M. de P***, vraiment malade, M. de G***, par ennui.

Enfin, après quelques jours de misère, nous reçûmes l'ordre d'aller à Snippe, première marche rétrograde. Cependant les armées étaient toujours en présence, l'on s'attendait à une bataille ou à un traité, et il semblait impossible que notre sort, quelqu'il dût être, ne fut pas décidé dans les plaines de Champagne.

Nous étions assez bien dans la petite ville de Snippe. Un jour que j'étais de piquet, une patrouille me rendit compte qu'elle avait vu de loin un corps de cavalerie qu'elle estimait de quatre cents chevaux. J'envoyai prévenir M. de Jaucourt qui me fit dire de m'assurer par moi-même de ce que c'était; déjà on battait la générale dans Snippe, parce que les gardes du corps qui faisaient un fourrage de ce côté, avaient envoyé dire à M. de Jaucourt qu'ils se repliaient et prier qu'on vint les soutenir. L'avant-garde monta à cheval, et fut promptement en bataille mais, dès que les patriotes nous virent, ils firent leur retraite au grand trot. La brigade rentra et je restai seul avec cinquante maîtres pour protéger la retraite des gardes du corps.

C'est à Snippe que nous perdîmes tout espoir de revoir notre malheureuse patrie, au moins de cette campagne. L'ordre nous fut donné de nous replier pour prendre nos quartiers d'hiver, et nous apprîmes que le ro' de Prusse allait en faire autant.

Ces mémoires, destinés à me rappeler les faits dont j'ai été témoin, seront aussi le dépôt, où je retrouverai dans ma vieillesse les douloureuses réflexions qui m'accablèrent alors. Si je succombe sous la masse des maux que cette retraite déshonorante a accumulés sur nos têtes, que l'homme sensible qui les lira plaigne le sort de braves gens trahis, ou tout au moins mal conduits, par un homme inepte et surfait. L'avenir, tel qu'il est à présent et tel qu'il sera peut-être toujours, se peignit alors à mes yeux. Je vis le jacobinisme inonder toute l'Europe ; je vis notre cause perdue, et elle eut été gagnée, si elle n'eut été mise entre les mains d'un homme fort au dessous de sa réputation militaire.

Quoi ! me répétais-je sans cesse, fuirons-nous avant d'avoir été battus ? Fuirons-nous devant des scélérats, incapables de la moindre résistance, n'ayant de confiance et d'espoir qu'en leurs canons, derrière lesquels ils tremblent ? Une batterie de pièces de vingt-quatre effraye un général prussien, qui la croit inexpugnable, et arrête quatre armées formidables, les forçant à une retraite déshonorante plus dangereuse qu'une bataille ! M. le comte d'Artois, qui ne mesure pas plus les calibres qu'il ne compte les ennemis, quand il s'agit de l'honneur et du roi, a offert d'emporter cette batterie, l'épée à la main, à la tête de la noblesse française, et on l'a refusé, avec les plats compliments d'usage ! Vous eussiez vu, duc de Brunswick, si quelques livres de plus à un boulet nous arrêtent. Vous vouliez, disiez-vous, épargner un sang précieux. Et pourquoi ? Pour le laisser se glacer dans nos veines, de froid, de misère et de honte ? C'est à l'Europe entière que vous en répondrez. Vous avez tenu son sort entre vos mains ; votre retraite sans coup férir a jeté le désespoir dans nos cœurs, et a ébranlé tous les trônes.

Tout espoir nous étant ôté, nous reprîmes le chemin de Saint-Souplet, où nous arrivâmes à trois heures du soir. Les patriotes, ne se doutant pas de notre marche, avaient deux bataillons dans un village à une demi-lieue de nous, avec deux pièces de canon. Ils en avaient autant, un peu plus loin, et six cents hommes de cavalerie. A peine fûmes-nous arrivés, que M. de Jaucourt alla les reconnaître et donna l'ordre de monter à cheval.

Peu aguerris à cette époque, presque toujours ils se repliaient à notre approche, quoique fort supérieurs en nombre. Ils prirent encore cette fois le parti de la retraite.

Au point du jour, nous nous mîmes en marche pour nous rendre à Sainte-Marie. Nous traversâmes ces mêmes plaines dans lesquelles nous nous étions égarés en marchant à l'ennemi ; les troupes de ligne qui venaient de se replier à notre approche faisaient partie du corps de six mille hommes, qui y était déjà lors de notre passage.

La colonne marchait tristement. Ce n'étaient plus ces chevaliers français, sûrs de vaincre, pourvu qu'on les laissât combattre : le duc de Brunswick venait de leur apprendre à fuir ! Notre flanc droit était couvert par des hussards et des chasseurs. L'on fouillait les villages où les patriotes avaient passé la nuit, et l'on voyait encore leurs petits postes se replier sur les hauteurs.

Je vis une fois, dans la plaine, nos hussards

courir ventre à terre et se rallier. Je quittai la colonne pour m'approcher d'eux. A ma gauche et assez près d'un village, à la pointe d'une grande remise, je vis huit hommes à cheval, en manteaux blancs, qui me parurent être des dragons patriotes. J'appelai à moi cinq chasseurs de Polignac, que je trouvai à portée, et je courus sur les huit dragons. Sitôt qu'ils nous aperçurent, ils prirent la fuite.

M. des Sophis me proposa d'aller avec lui à Machault, village à deux lieues de là, où il avait une expédition à faire. J'y consentis, quoique je n'eusse pas grande confiance en ses seize chasseurs. Les habitants ne firent aucune résistance et donnèrent tout ce qu'on leur demanda. Des Sophis voulait m'emmener encore trois lieues plus loin, m'assurant que nous trouverions des patriotes. Je ne jugeai pas à propos de le suivre dans cette seconde expédition, et je rejoignis la colonne à Sainte-Marie.

Nous y passâmes quelques jours et j'allai

voir les princes qui étaient à Vouziers. La consternation la plus profonde régnait au quartier général. L'on ne pouvait plus se dissimuler notre triste position : tout était perdu. Je consultai tous mes amis et pas un ne me donna d'espoir. L'on attendait impatiemment des nouvelles du roi de Prusse. Enfin l'ordre arriva de passer l'Aisne sur un pont que les patriotes avaient coupé en se retirant et que nous avions rétabli. La sûreté de l'armée des princes en dépendait absolument. Les autres armées avaient passé la rivière sur des pontons.

Nous allâmes coucher au Chêne-le-Populeux, faisant l'arrière-garde des princes qui étaient une lieue plus loin, du côté de Stenay.

M. de Jaucourt, que tout le monde reconnaît pour un excellent officier et à qui ses ennemis mêmes rendent cette justice, redoubla de vigilance pour éviter toute espèce de surprise de notre côté, et envoya des détachements de hussards fouiller les environs. Ils trouvèrent six cents paysans, assemblés sous les ordres de M. de Faix, gentilhomme du pays, très bon officier, très entreprenant et qui s'était fort distingué dans la guerre d'Amémérique. Ils reçurent les hussards à coups de fusil, mais ces derniers les chargèrent et les culbutèrent dans un bois auquel ils étaient adossés.

M. de Faix, séparé des hussards par un grand fossé, derrière lequel il se croyait fort en sûreté, tâchait d'engager ses paysans à se défendre. Un hussard très bien monté sauta le fossé et le saisit au collet. Il cacha sa croix de Saint-Louis et se rendit sans résistance. Je le vis arriver chez M. de Jaucourt. Il y parut avec une contenance très assurée, et répondit qu'il avait armé ses paysans dans la crainte du pillage, autant contre les patriotes que contre les étrangers. On l'attacha sur une charette et il fut conduit au quartier général.

Le lendemain les princes devaient se rendre à Stenay et nous, faisant leur arrière-garde, nous devions rester à la Neuville, village qui n'en est distant que de deux lieues, mais qui n'y communique que par un pont, passage de la plus grande importance. M. de Faix commandait dans cette partie trois mille paysans, des hussards, quelques détachements d'infanterie et quelques pièces de canon. Il était chargé de nous inquiéter dans notre retraite et, s'il l'eut pu faire, je ne doute pas que nous n'eussions perdu beaucoup de monde dans les gorges et les bois par où il fallait passer. Peut-être même aurions-nous eu beaucoup de peine à nous rendre à Stenay, n'ayant que très peu d'infanterie et étant obligés de traverser quatre lieues de bois et de montagnes.

A peine les princes étaient-ils en marche, que trois gardes du corps furent culbutés auprès d'eux d'un coup de canon. Heureusement les chevaux seuls furent tués. Le feu continua, mais les coups mal ajustés ne portèrent pas. On fit avancer l'infanterie qui fusilla dans le bois. Les paysans, quoique très forts par la nature du pays, se trouvant sans chef, se replièrent, mais en bon ordre, sans effroi, emmenant avec eux leurs canons. La gendarmerie, l'escadron de Chamborant et Lauzun les chargèrent. Le chevalier de la Porte, aide de camp de M. le marquis d'Autichamp, fut tué à côté de lui. Alors le général, au désespoir, ordonna de tuer sans faire de quartier et de mettre le feu à cinq villages suspects, qui étaient sur la hauteur, d'où l'on avait tiré les coups de fusil. Cela fut exécuté à la rigueur. L'on ne fit que cinq prisonniers, mais, dans la poche de l'un d'eux, on trouva l'ordre d'un nommé Bachy, employé dans le département, de nous inquiéter et de nous arrêter même dans notre retraite, si cela était possible.

On nous mit en bataille devant les cinq villages en feu : j'avoue que ce spectacle me fit l'impression la plus douloureuse. Cette conduite avait toujours été contre mes principes, même dans le temps de nos succès ; à plus forte raison l'était-elle, dans celui de nos malheurs. Je trouvais bien impolitique de ne laisser sur cette terre à laquelle nous venions, disions-nous, rendre sa religion, son roi, le bonheur et la paix, que des traces de sang et de dévastation. « Les cendres parlent, disais-je ; mille familles réduites par vous à la mendicité vont, dans toute la France, publier votre barbarie et éloigner encore davantage les cœurs de vous. » Tout ce qui m'entourait pensait, du reste, de même. Nous vîmes un détachement de gendarmerie descendant la colline où étaient les villages. Je le questionnai et j'appris que M. d'Autichamp, s'étant aperçu que quelques maisons avaient échappé aux flammes, avait renvoyé y mettre le feu. Cette recherche de barbarie, dont je voudrais laver M. d'Autichamp (à qui je rends, du reste, comme toute l'armée, la justice qu'il mérite), ne rencontra pas beaucoup d'approbateurs.

Après une journée très fatigante, ayant attendu longtemps nos bagages et en ayant perdu une partie, nous nous établîmes à la Neuville, près de Stenay, Les généraux seuls y étaient logés. Nous autres étions plus mal que nous ne l'avions été de toute la campagne. Trois compagnies ne savaient où faire la soupe. Nous n'avions d'ailleurs jamais été si exposés : une charrette renversée sur le pont de Stenay nous ôtait toute retraite. Les patriotes étaient à Buzancy, et toutes nos troupes avaient passé la rivière. C'est cet établissement que M. de Palis avait choisi dans sa sagesse pour nous y faire reposer de nos fatigues. M. de Jaucourt donna l'ordre de repartir le lendemain. M. de Palis fut chez lui, lui dit que la brigade de Monsieur ne partirait pas, qu'elle avait besoin de repos et qu'elle allait en prendre. Il ajouta à cela beaucoup de propos aussi ridicules qu'insubordonnés, monta à cheval contre son ordinaire et fut porter plainte à M. le maréchal de Broglie.

Notre départ devenait instant. Le pont commençait à s'obstruer par les bagages des Prussiens, augmentés des nôtres qu'ils nous avaient volés. M. de Jaucourt prit sur lui de faire monter à cheval et partir. C'est à cette époque que l'avant-garde fut dissoute et que nous perdîmes M. de Jaucourt. Ceux même qui ne l'aimaient point convenaient qu'il était impossible de voir un meilleur officier. D'une extrême vigilance, il n'épargnait point ses pas et voyait tout par lui-même. Nous lui rendîmes encore bien plus de justice quand nous fûmes livrés au général de Palis.

Notre première journée fut à Quincy. Le général, en arrivant, tint à agir comme M. de Jaucourt. Il se fit mettre à cheval et, voulant faire sa reconnaissance, il alla droit contre de grosses haies derrière lesquelles étaient cachés des patriotes de Montmédy, qui lui tirèrent des coups de fusil.

Autant j'avais de confiance en M. de Jaucourt, autant ce nouveau chef m'en inspirait peu. C'était un homme absolument fini et, de plus, entêté comme un sot qui prend son entêtement pour du caractère. Il nous aurait laissé enlever avant d'avoir donné aucun ordre pour s'y opposer. Je pris des renseignements sur notre position auprès des gens du pays. Un petit ruisseau nous séparait d'une colline couverte de patriotes qui nous tiraient des coups de fusil, en nous donnant des épithètes que nous entendions distinctement. Les paysans me dirent que le ruisseau était profond, mais peu large en certains endroits. J'en informai le général pour qu'il prît quelques précautions pour la nuit. Il me répondit, en bégayant comme à son ordinaire, que le ruisseau était trop profond pour qu'on le passât. « Oui, mon général, lui dis-je ; mais il n'est pas assez large pour qu'on ne le saute pas et, si on le saute à l'heure où tout le monde est dispersé et couché, où les chevaux sont entassés dans des écuries d'où on a bien de la peine à les faire sortir en plein jour, nous serons enlevés sans pouvoir même nous défendre. » M. de Palis se mit en colère, comme il le faisait dix fois par jour, dont cinq au moins contre moi.

M. de Villers qui commandait sous lui, ennemi particulier de M. de Jaucourt, fut ravi de censurer la conduite de l'ancien général, en laissant dormir tout le monde, tandis qu'en pareil cas la moitié de nous eût dû être sur pied, et approuva la sécurité de M. de Palis. MM. de Verteillac et de Coigny étant cependant arrivés et ayant appuyé mon avis, il fut décidé qu'il y aurait toujours un escadron à cheval, le premier de six heures à neuf, le second de neuf à minuit, etc., de façon que personne ne passât une bonne nuit. Le général, auquel il fallait une grande heure pour s'habiller à la hâte, prit la seule précaution qu'il connût pour être plus tôt prêt, mit son bonnet par dessus sa perruque, et se coucha tranquillement.

Les patriotes, le lendemain, continuèrent à

fusiller. Le vicomte de Suffren voulut s'avancer un peu dans le vallon pour les voir de plus près. Ils lui tirèrent plus de trente coups de fusil, dont nous voyions porter les balles entre lui et nous. Il fit sa retraite froidement sans accélérer sa marche, ainsi qu'il convenait au neveu du fameux bailli de Suffren.

M. de Palis ne put résister à deux jours de précautions. Le lendemain, il les supprima toutes, se coucha sans perruque, permit à tout le monde d'en faire autant, et fit venir cinquante Autrichiens pour nous garder.

La guerre que nous faisions n'était point une guerre ordinaire, où le malheur d'être surpris n'entraîne que celui d'être prisonnier. Dans cette malheureuse campagne, être surpris et fait prisonnier était la chose la plus à craindre. Des gentilshommes français ne redoutent jamais la mort, mais la pensée d'être pris par les patriotes, de se voir couvrir d'ignominie et de périr à Paris sur un échafaud les effrayait plus que mille trépas (1). Je ne concevais donc pas l'insouciance de plusieurs de ces messieurs qui goûtaient réellement la sécurité de M. de Palis. Ils dormaient tranquilles sur la foi d'un vieillard aussi inca-

---

(1) Ces craintes n'avaient rien de chimérique. Toutes les feuilles publiques prédisaient à l'envi aux émigrés le sort qui les attendait, s'ils tombaient entre les mains des républicains :

« Enfin plusieurs émigrés ont été faits prisonniers. La Convention a ordonné qu'ils seraient conduits dans la ville la plus prochaine pour y être jugés suivant la rigueur des lois. Ces traîtres forcenés n'ont pas su mériter la mort des braves ; qu'ils périssent par la main des bourreaux.

« En attendant que Dumouriez enlève et coupe le corps entier des émigrés, ce qu'il ne désespère pas de faire, il a pris un registre sur lequel sont inscrits tous leurs noms : ce livre est une mine, un trésor, un Pérou, il nous indique les biens qu'on peut vendre dès aujourd'hui pour payer les frais de la guerre. » (*Feuille villageoise*, n° du 11 octobre 1792.)

Ces sinistres prédictions se réalisèrent bientôt. Le 19 octobre, treize émigrés arrêtés en Champagne, dont trois domestiques et le cocher de Mme de Cossé, furent conduits au conseil général de la commune. Le mardi suivant 23 octobre, neuf furent exécutés ; les domestiques seuls furent épargnés. (V, *Moniteur universel*, n^{os} du 21 et du 24 octobre 1792.)

pable de prévoir ce qui était à craindre que d'agir en cas de danger, et traitaient de puériles les précautions de M. de Jaucourt. Ce général me témoignait depuis longtemps bonté et intérêt. Il me permettait de le questionner pour mon instruction et me répondait avec sincérité. Il m'a souvent répété que, malgré le courage de la brigade de Monsieur (qui une fois en bataille se serait bien conduite, mais qui, la nuit surtout, aurait eu de la peine à monter à cheval), malgré l'activité et la vigilance extrêmes des hussards de Bercheny, si nous eussions eu affaire à des troupes légères, braves et entreprenantes, nous eussions couru, la nuit, le risque d'être enlevés.

Après avoir passé deux jours à Quincy, nous allâmes au Petit-Failly, près Longuyon, où était le quartier général. C'était un des passages des armées. Nous le traversâmes. La route était bordée de chevaux morts et même de Prussiens, dont on avait débarrassé l'hôpital ambulant. Dès que l'on juge qu'un

Prussien ne peut plus en revenir, on le jette dans le champ voisin. Cette inhumanité m'a révolté à un point que je ne puis exprimer. Un soldat trop malade est traité par eux comme un cheval trop blessé pour pouvoir rendre service et, quand les soins leur paraissent devoir être inutiles, ils laissent mourir leurs hommes sans leur en donner aucuns.

Notre dernière journée en France fut à Cutry. Le lendemain nous passâmes sur les glacis de Longwy et allâmes coucher à Wailes, petit village autrichien, à une lieue d'Arlon, où les princes étaient alors. C'est là que le courage abandonna presque tout le monde. Ma compagnie, qui était forte de quatre-vingt-deux hommes, se trouva réduite à seize. L'ordre des princes pour accorder des congés fut donné maladroitement; l'on crut voir le désir que l'on en profitât. Nous couchions tous depuis deux mois sur la paille, nous commencions à être extrêmement fatigués, et chacun soupirait après le repos comme après le plus grand bonheur. J'employai le crédit que je pouvais avoir sur ces messieurs, à les engager à ne point partir sans réflexion ; je leur remontrai qu'on leur donnait encore des rations, que cela peut-être continuerait, et qu'enfin il serait toujours temps de partir lorsqu'on n'en donnerait plus; je leur fis observer qu'en s'isolant, ils se mettraient hors de tout secours. Ce fut en vain : tout ce que je pus dire fut inutile, et je passai une journée à faire des permissions. Je savais l'état des finances de presque tous, et j'en signai à des officiers qui n'avaient pas un louis dans leur poche. L'expérience a prouvé que j'avais raison ; car, jusqu'au 20 novembre, j'ai touché très exactement pour moi et pour tous ceux qui sont restés les rations de bouche et de fourrages.

Quelques-uns, après avoir goûté quelques jours de repos, sont revenus à la compagnie et ont éprouvé, pour y rentrer, mille difficultés par la maladresse du général de Palis, qui n'était cependant maladroit que pour les autres.

Après avoir passé quelques jours à Wailes, nous partîmes pour Liège, en poussant par Malmédy. Nous revîmes les cantonnements occupés par les Français au début de l'émigration, les lieux où les différents corps s'étaient formés et où ils ne comptaient assurément pas revenir. Presque partout, les ordres étaient donnés pour nous fournir des rations et, en général, nous étions bien accueillis. Si l'opinion du pays était mauvaise, elle n'influait pas sur la manière dont on nous traitait, et je crois qu'on a trop publié qu'elle n'était pas bonne. Les maux qui, depuis la Révolution, ont déchiré notre malheureuse patrie ont, en outre, dégoûté beaucoup de monde à l'étranger. Des gens connus comme démocrates dans le pays de Liège rougissaient, quand nous y revînmes, d'approuver la Révolution française.

A Liège, nous reçûmes l'ordre de prendre nos quartiers d'hiver à Zonhoven, village à une lieue d'Hasselt. Nous avions rarement été aussi mal pour passer une simple nuit que nous l'étions pour passer notre quartier d'hiver. J'en parlai au général qui, se trouvant assez bien, s'occupait peu des autres. Il se détermina cependant à demander un changement qui fut accordé et, après huit jours de repos à Zonhoven, nous en partîmes le jour de la Toussaint pour nous rendre à Maaseyk, petite ville sur la Meuse, où nous arrivâmes le 2 novembre.

Je fus logé à merveille chez un des échevins, où l'on m'établit en son absence. Le soir, à son arrivée, quand il sut que j'étais chez lui, il entra furieux dans ma chambre, me disant qu'il était bien surpris de m'y trouver. Je lui répondis poliment : « Et moi, monsieur. je n'en suis pas surpris, car, depuis trois mois, je n'ai fait autre chose que de loger chez des gens qui ne s'en souciaient pas plus que vous. » Ma tranquillité l'étonna, et il me dit que j'étais dans l'appartement qu'avait occupé le général Baden, commandant des Palatins, lorsqu'ils étaient à Maaseyk pour l'insurrection des Liégeois. Je parus sensible à cet honneur ; je louai beaucoup l'appartement et vantai les bontés de Mademoiselle sa fille qui, plus douce que son père, m'avait donné un très bon dîner en arrivant.

L'échevin s'adoucit lui-même, en voyant que j'étais décidé à ne pas sortir de chez lui. Il me dit que sa fille n'avait fait que suivre ses intentions et regarda si mon poêle était chaud. Il s'assit, me conta son histoire, une partie de celle de ses aïeux, tous seigneurs et avocats célèbres, de père en fils, et de plus échevins de la ville. Notre liaison ne devint que trop intime, car je ne pouvais plus m'en débarrasser.

Nous passâmes vingt jours dans cette petite ville, où nous eûmes été à merveille, si M. de Palis eût voulu s'en occuper, mais les officiers furent logés chez les habitants les plus pauvres, les autres se prétendant privilégiés. Le général était dans un couvent, bien logé, bien soigné par les religieuses et laissait à la Providence le soin de tout le reste.

L'ordre arriva de nous rendre à Geilenkirchen à cinq lieues d'Aix-la-Chapelle. J'avoue que j'en fus fâché, car j'étais, à Maaseyk, fort bien établi et à fort bon marché.

Il n'y avait point, à dire le vrai, de ressources dans la ville pour la société, mais il y avait à une lieue, à Susteren, un chapitre de chanoinesses, dont l'abbesse m'accueillit avec toutes sortes de bontés. Ces dames avaient le maintien le plus honnête et le ton de la meilleure compagnie. Une surtout me frappa. Agée de dix-huit ou vingt ans, elle était faite à peindre, avait des yeux superbes et la figure agréable, quoiqu'un peu dure. Elle travaillait à un métier dans le coin du salon. Je m'approchai d'elle pour savoir si elle parlait français : elle s'exprimait à merveille.

Je l'entretins de nos malheurs et du peu d'espoir qui nous restait. Sa figure prit un caractère plus doux en m'écoutant, et elle prêta à mes discours tout l'intérêt qui prouve une âme sensible.

Je partis pour Geilenkirchen, où nous recûmes, le 27 novembre, l'ordre du licenciement. Quoique je m'y attendisse, il m'accabla. Vingt et quelques officiers, qui étaient restés avec moi, étaient réduits à rien. Les chevaux se vendaient le sixième de leur valeur ; la selle et la bride étaient données par dessus le marché.

Ayant à peine de quoi passer mon hiver, je me trouvai dans l'affreuse nécessité de ne pouvoir obliger personne. Je crus, par pitié, devoir donner à tous un espoir qui n'était plus dans mon cœur, et je les consolai de mon mieux. Le 28, je me séparai de mes respectables compagnons d'armes et d'infortune pour me rendre à Aix-la-Chapelle. Je comptais y passer l'hiver avec une tante qui m'y avait retenu un logement (1). J'ai peu vu

---

(1) Perrine-Julie Le Bel de la Jaillière, grand'tante maternelle du comte de Contades. Elle avait quitté Angers, en mai 1791, pour se rendre aux eaux de Spa. Sa santé

de femmes joindre à plus d'esprit, plus de vertu et d'indulgente piété. L'âge, les goûts, les usages, tout était différent entre nous, et cependant, j'étais toujours enchanté de me retrouver avec elle. Peu de jours après, les patriotes arrivèrent et nous pûmes nous réfugier à Düsseldorf. Le lendemain de mon arrivée, je fus surpris d'apprendre que le baron de Lilien (2), directeur des postes,

l'avait éloignée de France; la politique la retint à l'étranger. L'émigrée avait passé à Aix-la-Chapelle l'hiver de 1792. Le souvenir de Mlle de la Jaillière est gardé par les siens comme celui d'une sainte, mais d'une sainte de la piété la plus aimable et du plus agréable commerce. Elle dut sans doute à cette piété ces sentiments de résignation enjouée qui rendirent le comte de Contades si heureux de la retrouver à Aix-la-Chapelle, au lendemain d'une défaite et au milieu des tristesses de l'exil. La tante et le neveu se rendirent à Düsseldorf, puis en Hollande, où ils se séparèrent, quand M. de Contades se décida à aller chercher du service en Angleterre. Nous ne saurions indiquer ici toutes les étapes de l'émigration de Mlle de la Jaillière. En 1798, nous la trouvons fixée à Munster, d'où, pensons-nous, elle revint bientôt en France. (Voir *Notice biographique.*)

(2) Pendant son séjour à Düsseldorf, M. de Contades avait des relations journalières avec le baron de Lilien,

avait une lettre de l'abbesse de Susteren pour moi. Sachant que les patriotes arrivaient à Aix-la-Chapelle, elle m'offrait dans ses états asile et sécurité. Elle se flattait que les

inspecteur des postes. Plus que tout autre, ce fonctionnaire était recherché des émigrés qui allaient réclamer chez lui, nouvelles et parfois argent. M. de Contades, qui cultivait les muses avec plus de fidélité que de succès, prenait plaisir à correspondre en vers avec lui. Nous avons trouvé dans ses papiers, une pièce adressée *à M. le baron de Lilien, inspecteur des postes de l'empire, pour lui demander une lettre adressée à mon domestique Bernard*. Nous la transcrivons ici, à simple titre de curiosité :

« Mon cher baron, sans doute vous savez
Que trois Bernard ont brillé dans l'histoire.
L'un mérita la couronne de gloire
Que convoiter, sans doute, vous n'osez.
Gentil Bernard, dans une autre carrière,
Nous enseigna comme on séduit un cœur,
Et nous montra le doux chemin pour plaire.
Il se trompa : pour trouver ce bonheur,
Il n'est besoin ni d'art, ni de lecture;
Les vraies leçons viennent de la nature.
L'autre Bernard, fameux par son trésor,
Possédait tout, si tout dépend de l'or.
De mon Bernard, moins connu dans l'histoire,
Ne perdez pas, s'il vous plaît, la mémoire :
Un émigré soupire après l'argent.
Son cœur, flétri par la longue infortune,
Ne s'ouvre à rien, tant qu'il est indigent.
Il connaît trop cette règle commune
Que, sans argent, c'est peu que la pitié.
Moi, pour des temps peut-être plus prospères,
Quand nous verrons la fin de nos misères,
De vous, baron, je retiens l'amitié. »

Français en respecteraient la neutralité, et que j'y serais fort tranquille. Je refusai cette offre généreuse, et l'événement a prouvé que j'avais bien raison. Les Français n'ont respecté ni le territoire, ni les chanoinesses. Forcée sans doute par les circonstances, celle qui m'avait témoigné tant d'intérêt en a témoigné à un chef d'escadron de dragons, puis à un capitaine. D'intérêt en intérêt, elle a très mal fini, et a quitté l'abbaye en compagnie d'un tambour-major.

C'est à Düsseldorf, le 15 décembre 1792, que je termine le journal de la plus malheureuse campagne qui ait peut-être jamais été faite. Les puissances arment en ce moment et tout nous annonce des secours formidables. Puissé-je, dans un an, reprendre la plume pour célébrer leurs victoires ! Puissé-je, dans un an avoir recouvré, — fallût-il les devoir au duc de Brunswick, — l'exercice de ma religion, mon roi, ma famille et mes propriétés !

———

QUIBERON

EXPÉDITION DE QUIBERON

A l'Ile-d'Yeu, le 15 octobre 1795.

Trouvant à l'Ile-d'Yeu quelques jours de tranquillité pour tracer sur le papier le récit de nos malheurs, je reprends la plume que j'avais laissée à Düsseldorf, après avoir fait le journal de la campagne de Champagne. Je me rappelle qu'il finissait ainsi : « C'est à Düsseldorf, le 15 décembre 1792, que je termine le journal de la plus malheureuse campagne qui ait peut-être jamais été faite. » J'étais alors bien éloigné de penser que, quelques années après, j'en ferais une où nous irions porter le désespoir et la mort dans les lieux où le plus pur royalisme nous avait accueillis avec les transports du bonheur et de la confiance, et que nous serions obligés de les quitter en y laissant les trois quarts de ceux que nous y avions amenés. Mais n'anticipons pas sur l'histoire de nos malheurs. J'en commencerai le récit à l'époque de mon arrivée à Londres, à laquelle je fis connaissance avec le comte Joseph de Puisaye, alors le marquis de Ménilles (1).

Obligé de quitter la Hollande, envahie par les Français, malheureux et malade, je vins chercher en Angleterre un asile et le moyen de gagner la Vendée, ce que j'avais jusqu'alors inutilement cherché. J'y arrivai dans un bateau de pêcheur, à la fin de janvier 1795, Je m'occupai des moyens de voir M. de Puysaye, général de l'armée catholique et royale

(1) Puisaye, dont de perpétuels changements de nom satisfaisaient l'amour du mystère, prenait en effet parfois le titre de marquis de Ménilles, nom d'une terre de Normandie que sa femme lui avait apportée, comme il se fit plus tard appeler M. de Brécourt, nom rappelant un des engagements heureux de la campagne fédéraliste.

de Bretagne, alors à Londres. On me répondit que son existence était un mystère et sa vue une faveur à laquelle il ne fallait pas prétendre. On lui parla cependant de moi; ses réponses furent honnêtes et il me fit dire de me tenir prêt à partir.

Sur ces entrefaites, l'on forma des cadres pour organiser les chouans. L'évêque de Dol (1) m'en offrit un de la part du général et me proposa de le voir le lendemain. Je me rendis chez l'évêque et, grâce à lui, le sanctuaire du grand homme me fut enfin ouvert. M. de Puisaye me reçut à merveille. La visite fut courte et la conversation intéressante;

(1) Urbain-René de Hercé, évêque de Dol, né à Mayenne le 6 février 1726, fut peut-être le plus héroïque de ceux qui périrent dans la funeste expédition de Quiberon. Son frère et son grand vicaire, François de Hercé, fut exécuté à Auray, le même jour que lui. L'évêque de Dol, fils de Jean-Baptiste de Hercé et de Françoise Tanquerel, n'avait pas moins de dix-huit frères ou sœurs. L'un de ses frères, retenu en Angleterre par sa santé, devait venir le rejoindre à Quiberon, où, s'il fût arrivé à temps, il eut peut-être été frappé, le troisième de sa famille, par les balles

le général me reconduisit avec affectation jusqu'au bas de l'escalier, en me témoignant le désir de me revoir.

Je réfléchis longuement sans pouvoir arrêter définitivement l'idée que je devais me former de cet homme extraordinaire. Il était d'une taille colossale, gauche et dégingandé (1).

républicaines. Nous avons transcrit, dans les papiers de Puisaye, la lettre suivante qui le concerne :

« Au quartier général de Quiberon, 4 juillet 1793.

« J'ai l'honneur de prier Monsieur Windham d'avoir la bonté de donner à M. le chevalier de Hercé, frère de Mgr l'évêque de Dol, les moyens de venir nous joindre ici par le premier cutter qui nous sera expédié. Cet officier, malade depuis longtemps, est aujourd'hui à Bath pour le rétablissement de sa santé. Il s'agirait de le faire venir de Bath et de le faire partir pour Southampton ou Portsmouth, muni d'un passeport et de l'argent suffisant pour pourvoir aux frais qu'il sera nécessité de faire. M. Windham, en rendant ce service à Mgr l'évêque de Dol, m'en rendra un personnel dont je lui aurai une véritable obligation. Je le supplie d'agréer l'hommage de mon constant et respectueux attachement.

« Le Cte Joseph de PUISAYE. »

(1) « Sa prodigieuse stature et les formes désagréables de son corps détruisaient la bonne impression que donnait sa figure douce et spirituelle. Le rôle qu'il avait à remplir exigeait un grand homme et je ne lui trouvais pas cet air fier, cette noble assurance qui les caractérisent. » (Variante de l'auteur.)

Sa figure était douce et spirituelle, mais il était loin d'avoir cette noble assurance, cet air de franchise et de loyauté, qui inspirent la confiance à ceux qui sont destinés à servir sous vos ordres.

Je le voyais souvent, et j'étais content de ses manières et de son honnêteté; peu de gens ont été réellement plus séduisants que lui. M. de Puisaye me confia une partie de ses plans et me parla de ses projets. J'y voyais un peu de charlatanisme, mais de bonnes intentions, et j'avoue que j'étais plein de confiance et d'espoir. Il m'admit dans son intimité, ce à quoi je tenais peu. Puisaye était alors occupé d'une jeune femme, étourdie à l'excès. Le public lui attribuait faussement sur lui un empire que le général n'a jamais laissé prendre à personne. Il avait trop d'amour-propre pour croire qu'une bonne idée pût sortir d'une autre tête que de la sienne, et trop d'insensibilité pour céder au sentiment.

La saison s'avançait et je ne voyais aucun préparatif de campagne. MM. d'Allègre (1) et Bois-Berthelot allaient souvent en Bretagne, et en revenaient disant toujours qu'on nous y attendait. Enfin l'on annonça un départ prochain pour une expédition, sans faire con-

---

(1) Le général d'Allègre, dévoué corps et âme au comte de Puisaye, fut un des rares amis qui lui restèrent fidèles. Puisaye, il faut en convenir, reconnut ce dévouement et cette fidélité. Dans le volume CIII de ses papiers (*Traitement des royalistes en Angleterre*), nous avons trouvé la note ci-dessous, relative au général d'Allègre : « Distribution des cinq livres *per diem* que M. Canning a eu la bonté de m'accorder pour des royalistes dont le traitement n'a pas été proportionné jusqu'à présent à leurs services, à leur rang, et à l'utilité dont ils peuvent être dans les circonstances actuelles :

« Le général d'Allègre, major-général, a servi depuis le commencement de la guerre, à Toulon, à Saint-Domingue et depuis en Bretagne ; a refusé les traitements qui lui étaient offerts comme Toulonnais et comme colon, a été honoré de l'estime de M. Pitt et de celle de M. Windham, ne m'a pas quitté depuis treize ans et est disposé à se sacrifier encore à l'exécution du projet que j'entreprends depuis dix ans. Son traitement devrait être, comme celui des officiers de son grade, vingt shellings. Il ne reçoit que depuis trois ans, huit shellings. L'addition que j'ai demandée pour lui doit donc être de douze shellings. »

naître où elle se ferait. M. d'Oilliamson (1), chef des quatre cadres dont je commandais un, me proposa d'aller faire leur établissement à Guernesey. M. de Puisaye y consentit et je partis.

Le prince de Bouillon (2) commandait alors

---

(1) V. à l'appendice les notes relatives au comte d'Oilliamson et à son corps, et les lettres adressées à M. de Puisaye par le comte de Contades, pendant son séjour à Jersey.

(2) Nous n'avons ici ni l'intention ni la place d'étudier l'originale et énigmatique figure du prince de Bouillon, de retracer ses aventures romanesques depuis son adoption jusqu'à son suicide. Nous indiquerons seulement deux curieux opuscules le concernant. L'un, *A brief exposition of the rights, titles and claims of Philip d'Auvergne (prince of Bouillon), a rear admiral in his majesty's navy, of succession to the sovereignities and Property of the late Dukes of the French branch of the House of Auvergne*, fut imprimé en Angleterre en 1807; l'autre, *Le dernier duc de Bouillon*, par E. Devroye, fut publié à Bruxelles en 1860, dans le t. II de la *Revue d'Histoire et d'Archéologie*. Les papiers du prince de Bouillon sont conservés au Record office (*Domestic, Georges III*, 53-48); sa correspondance avec le comte de Puisaye forme, au British Museum, les vol. XVII et XVIII du fonds Puisaye. Le fils du pauvre capitaine jersiais prenait au sérieux sa douteuse qualité de prince et avait toujours sur les lèvres le nom du grand Turenne. La table était son faible. Dans

à Jersey et était chargé de la correspondance avec la Bretagne. Il était fort lié avec M. de Puisaye et mettait un grand intérêt à nos affaires.

Deux jours après mon arrivée à Guernesey, je m'embarquai pour lui porter mes dépêches. Le capitaine du cutter, chargé de me conduire, ne pouvant marcher faute de vent, me donna son canot avec quatre rameurs. Le vent s'éleva pendant ma traversée, et je fus jeté sur le côté de l'île opposé à celui où je devais aller. J'étais mouillé jusqu'à la peau et dans un fort triste équipage. Egaré dans une île où je n'avais jamais été, pendant une nuit fort obscure, je fus arrêté par une patrouille de

---

les dîners qu'il offrait à Jersey aux émigrés de marque, il se faisait servir le premier, en vérible altesse, et, à la veille de je ne sais quelle expédition manquée, il écrivait martialement à Puisaye :

« Le bruit du bivouac ne m'affecte pas. Je suis capable de tout pour avancer le service de mon maître, du trône et de l'autel. L'épée de Turenne, que je porte, m'inspire. Il était royaliste *par quartier*, disait-il, et moi aussi. » (Papiers de Puisaye. T. XVII, f° 15.)

paysans qui prétendirent me faire coucher dans un corps de garde très humide et sans feu. J'en sortis malgré eux, et j'allai me sécher et souper dans un cabaret, où ils n'osèrent me réclamer.

Le lendemain, je me fis conduire chez le commandant et je lui montrai mes dépêches sur lesquelles il y avait : *service du roi*, ce que les paysans n'avaient pas voulu ou pu lire. Ils furent mis en prison, ainsi que je leur avais promis. Après cette petite mésaventure, je me rendis chez le prince de Bouillon, qui me reçut à merveille.

Le jour suivant, le chevalier de la Vieuville arriva de Londres pour conduire en Bretagne cent gentilshommes que l'on tenait casernés au château de Montorgueil, sous l'inspection immédiate du prince (1). Cette

(1) Voici en quels termes le prince de Bouillon annonçait à Puisaye le départ de la Vieuville, et celui des cent gentilshommes, dont quatre seulement devaient débarquer :

« Deux mots seulement pour vous prévenir que la Vieu-

expédition devait être protégée par trois frégates commandées par le chevalier Strand, qui montait *le Melampus*. Je fus embarqué à son bord pour rendre compte de l'expédition. Nous chassâmes des chaloupes canonnières jusque sous le château de la Latte. Ce n'était pas l'objet de notre expédition : nous devions aller dans le Raz de Plouër, vis-à-vis

> ville s'est embarqué vendredi dernier avec cent gentilshommes munis et pourvus de mon mieux. Je les ai fait annoncer quelques jours d'avance par trois émissaires au comité, qui tous trois ont atterri sans interruption (*sic*). Après deux jours de calme, le temps est devenu propice. Dimanche, la nuit et sous la protection de quatre belles frégates, ils ont parti pour la côte. Ils ont un fort convoi, et j'espère demain, avoir à vous donner des nouvelles de notre entier succès. Le temps a été depuis on ne peut plus favorable, et mon cœur tressaille de sollicitude et d'espérance. Tout est prévu : mes mesures ont été prises de manière qu'à moins que le comité ne nous manque, nous réussirons. Adieu, mon cher marquis, ne doutez de mon zèle, ni de mon activité. Elle sera sans relâche pour qu'on soit prêt là-bas à vous recevoir. Envoyez-moi, je vous prie, un couteau que la Vieuville me dit avoir laissé dans un tiroir chez vous, ainsi qu'un fusil à deux coups et des pistolets, à la place de ces armes que j'ai données à un brave chouan. Tout dépend de vous actuellement, mon cher comte (*sic*) puisque Charette a négocié. Redoublons de zèle et d'activité et l'Europe peut encore être sauvée.
>
> Votre,
> d'AUVERGNE, prince de Bouillon.
>
> Avril 14ᵐᵉ 1795. »
>
> (British Museum. Papiers de Puisaye, vol. XVII, *Correspondance avec M. le prince de Bouillon*, f° 29.)

le château de Trémeneuc. Nous y mouillâmes le lendemain. Le temps était superbe ; personne sur la côte : jamais moment ne fut plus propre à mettre à terre. L'on tint conseil et l'on remit la descente au lendemain. Les Français parurent sur la côte avec des tirailleurs et quelques dragons, et la descente devint impossible au lieu projeté.

On s'attendait à voir une armée de royalistes ; ils étaient alors en paix et personne ne parut. Le commandant Strand canonna la côte, autant pour annoncer son arrivée que pour détruire quelques corps de garde. Le bruit de ses canons s'entendit de Rennes, inquiéta beaucoup, mais n'amena personne.

Le chevalier de la Vieuville était extrêmement embarrassé. Il proposa de débarquer cinq ou six gentilshommes pour savoir des nouvelles, et se détermina lui-même à donner l'exemple. Sur les neuf heures du soir, il se fit mettre à terre à une lieue du mouillage où nous étions, accompagné de quatre volontaires et d'un pilote français. La chaloupe devait l'attendre, mais, soit que l'on ait réellement tiré dessus comme le canotier en a rendu compte, soit qu'il ne se soit pas soucié d'attendre plus longtemps, il revint à la frégate, sans nous donner aucunes nouvelles de ceux qu'il avait débarqués. Notre descente manquée, je revins à Guernesey, après avoir rendu compte de l'expédition au prince de Bouillon. J'y passai quelques semaines assez content d'une centaine de gentilshommes que j'y commandais. Je ne leur demandais rien, mais je prévoyais bien qu'ils se plieraient difficilement à la discipline. Le comte d'Oilliamson arriva avec une lettre de M. de Puisaye, qui paraissait désirer mon retour à Londres. Je profitai avec plaisir de cette occasion de me tirer d'un séjour où M. d'Oilliamson parlait subordination et exercice, et où je ne prévoyais plus que représentations et mécontentement.

Je partis pour Londres, où M. de Puisaye

me reçut avec les plus grands témoignages de confiance et d'amitié. Le peu de succès de l'expédition du chevalier de la Vieuville avait découragé tout le monde. Le prince de Bouillon et tous les correspondants de M. de Puisaye lui avaient mandé qu'il ne fallait plus compter sur un parti en Bretagne, que personne ne s'était montré à la côte, que la paix était faite et signée; en un mot, que tout était perdu. Je lui avais mandé le fait tout simplement, que nous avions trouvé à la côte peu d'ennemis et pas d'amis, mais qu'il était impossible d'en rien conclure pour l'intérieur. Il m'en sut très bon gré et, dès lors, il alla au devant de tout ce qu'il imagina pouvoir m'être agréable.

Ici commence une intrigue dont j'ai peut-être été la dupe. Je vais raconter les faits tels qu'ils se sont passés.

Le moment du départ approchait. Déjà tous ceux qui devaient être de l'expédition se rendaient à Southampton; le jour même de mon départ avec le général était fixé et nous devions nous embarquer ensemble à Weymouth. Il me demanda si je connaissais M. d'Hervilly; je lui dis que je le connaissais peu personnellement, mais qu'il avait donné des preuves d'un grand courage, qu'il avait fait la guerre en Amérique et qu'il passait pour l'avoir bien faite. J'ajoutai qu'on l'accusait d'ambition et de fausseté, mais que, s'il avait de quoi satisfaire l'une sans avoir besoin de l'autre, je le croyais très propre à une expédition hasardeuse comme la nôtre; j'observai enfin que M. Hector (1) était son

(1) « Hector (Jean-Charles), lieutenant général des armées navales, commandeur de Saint-Louis, commandant la marine à Brest, commandant en chef le corps de la marine. Retiré en Angleterre après le licenciement de l'armée des princes, il forma en 1794, un corps des anciens officiers de la marine française, qui fit partie de l'expédition de Quiberon sous les ordres du comte Paris de Soulange, la politique anglaise l'ayant retenu sous différents prétextes, et il ne connut la catastrophe de Quiberon qu'au moment de s'embarquer avec le comte d'Artois pour se réunir à ses compagnons d'armes. Il mourut en Angleterre en 1809. » (*Tableau des émigrés du Poitou*, par Beauchet-Tilleau, p. 89).

ancien et que, s'il était question de d'Hervilly pour le commandement en chef, ce passe-droit souffrirait des difficultés.

« Parlez à d'Hervilly, me dit M. de Puisaye ; sondez ses principes et ses intentions, et je me déterminerai d'après ce que vous me direz. S'il est l'homme qu'il me faut, j'écarterai facilement les autres, et il commandera en chef les troupes à la solde de l'Angleterre. » Je demandai un rendez-vous à d'Hervilly et je lui exposai simplement l'objet de ma mission. Je l'examinais avec la plus grande attention ; il ne témoigna pas la plus petite surprise. Il me dit avec le langage le plus entortillé, l'accent anglais le plus affecté, qu'il ne voulait pas d'une place au-dessus de celle qu'il avait, qu'il était colonel et qu'il servirait dans ce grade sous qui on voudrait. La conversation dura une heure et je ne pus jamais en tirer autre chose. Je la rendis mot pour mot à M. de Puisaye qui voulut lui parler lui-même. Le lendemain, je fus très surpris de voir entrer d'Hervilly chez moi, à huit heures du matin. Il me parut désirer le commandement dont il ne se souciait pas la veille, sans cependant l'accepter positivement. Il me dit entre autres choses : « Je ne désire rien tant que d'aller en Bretagne ; depuis que je suis en Angleterre, je n'ai demandé que cela. Qu'on me montre la côte, et *j'y nagerai mon sabre entre les dents.* » Je courus aussitôt chez M. de Puisaye et je lui fis part de notre conversation. Il en parut enchanté, me dit de lui amener d'Hervilly le lendemain et que nous dinerions ensemble.

Je conduisis d'Hervilly chez le général. Sa conversation fut une fois plus entortillée, plus anglaisée qu'elle ne l'avait été avec moi. Il fut au-dessous de la politesse, et refusait avec une modestie et une affectation incroyables. Nous nous rendîmes à une taverne où nous devions dîner. M. de Puisaye marchait toujours un train terrible ; d'Hervilly, avec ses petites jambes, avait à côté de lui la démarche la plus ridicule. Voilà, me disais-je, deux hommes qui ne marcheront jamais du même pied, et, malheureusement, je ne me trompais pas.

Pendant le dîner, M. de Puisaye parla absolument à d'Hervilly comme étant le maître de disposer à son gré de la place de commandant des troupes à la solde de l'Angleterre. D'Hervilly eut l'air d'hésiter, dit à Puisaye qu'il irait volontiers comme son secrétaire, et lui répéta qu'il serait toujours content pourvu qu'il fut sous ses ordres et en Bretagne. Tout cela ne pouvait pas être une comédie jouée pour moi. Si dès lors il était décrété que M. d'Hervilly commanderait en chef les troupes soldées par la Grande-Bretagne et aurait à en répondre, comme il me l'a dit depuis, et que M. de Puisaye n'en aurait que la disposition, pourquoi cette scène ridicule ? J'avoue que, si elle a été jouée pour moi, j'en ai été complétement la dupe (1).

Enfin, il fut décidé que M. Hector serait écarté et que M. d'Hervilly commanderait

(1) Nous possédons un exemplaire des *Mémoires pour servir à l'histoire de la guerre de Vendée* par M. le comte de... (Vauban), ayant appartenu au comte de Contades. Les marges sont chargées de notes nombreuses et longues, destinées à rectifier ou à éclairer le texte. Nous en reproduirons la plus grande partie. Les souvenirs de M. de Contades, consignés dans deux versions, dont une au moins n'était jamais destinée à être publiée, n'en offriront que plus de garanties d'impartialité et de sincérité. Nous transcrivons, pour commencer, la note relative aux entrevues de M. de Contades avec MM. de Puisaye et d'Hervilly :

« C'est M. de Contades qui fut chargé par M. de Puisaye (alors marquis de Ménilles) de sonder M. d'Hervilly. Il refusa positivement toute autre place que celle de colonel de son régiment. M. de Contades rendit cette conversation à M. de Puisaye qui en parut contrarié. Le lendemain, d'Hervilly entra à huit heures dans la chambre de M. de Contades et parut désirer ce qu'il avait refusé la veille. Il en fit part sur le champ à M. de Puisaye, qui les pria à dîner dans une taverne près de Charing-Cross, où ils se rendirent, le général, d'Hervilly, M. de Contades et M. de Chambray, oncle du général. M. d'Hervilly refusait encore, mais il était aisé de voir que ce n'était que pour la forme. Il objecta, pour le commandement général des troupes soldées l'ancienneté de M. Hector, et M. de Puisaye lui dit : « J'écarterai tout ce qui pourrait vous disputer le commandement. » M. Hector est resté à Londres. »

sous M. de Puisaye. Les troupes eurent ordre de s'embarquer pour se rendre à Jersey, et le secret de leur véritable destination fut si bien gardé qu'une foule d'officiers s'en furent directement où il paraissait certain que les régiments devaient se rendre. Tout le monde parti, je devais aller m'embarquer à Weymouth avec M. de Puisaye pour rejoindre l'escadre. D'Hervilly alla droit à Southampton ; il m'écrivit pour me l'annoncer, en me disant que nous allions nous séparer pour quelques jours, *et puis, ne nous séparer jamais.* Tout le monde me disait que M. de Puisaye se livrait à l'homme le plus faux. Sachant d'Hervilly très ambitieux et jugeant mieux de sa tête qu'elle ne le méritait, je ne voyais pas ce qu'il y avait à en craindre.

M. de Puisaye me dit alors que, lorsqu'on serait rendu au lieu de la descente, l'on assemblerait un conseil de guerre à bord de *la Pomone,* présidé par sir John Warren, et composé de M. de Puisaye, de d'Hervilly, de moi, de Bois-Berthelot, Tinteniac, etc, pour prononcer si la descente se ferait ou non. Je m'opposai de tout mon pouvoir à ce projet. Je lui dis que rien n'était moins propre à décider si une expédition comme celle que nous allions faire était bonne ou mauvaise, s'il fallait l'exécuter sur le champ ou la retarder, qu'un conseil de guerre toujours lent dans sa marche, et dont le résultat est souvent le contraire de ce que chacun aurait fait, s'il eût été chargé de l'opération à lui seul. Puisaye craignait le conseil de guerre, de façon qu'il insista vis-à-vis de M. Windham qui l'aimait beaucoup, et il obtint que la descente se ferait d'après l'avis de sir John Warren, de d'Hervilly et de lui.

Il fut décidé que je partirais avec M. de Puisaye, le 7 mai au soir. J'attendais ce moment avec une impatience extrême. De nouvelles affaires survinrent au général et je partis sans lui, le 8 mai, pour me rendre à Weymouth, où il devait me rejoindre, avec MM. de Bois-Berthelot et de Saint-Maurice. Nous passâmes trois jours à attendre M. de Puisaye. M. de Saint-Maurice devait remplir les fonctions d'intendant de l'armée. Poursuivi depuis plusieurs mois par des créanciers rigoureux, il n'était occupé qu'à échapper à leurs recherches (1). — Quant à

(1) Un grand nombre d'émigrés se trouvait malheureusement en Angleterre dans la position embarrassée de M. de Saint-Maurice. Le comte d'Artois, lui-même, dut, en janvier 1796, aller chercher un refuge contre ses créanciers dans le vieux palais de Holy Rood, où d'antiques privilèges interdisaient toute poursuite « M. d'Artois, écrivait un rédacteur du *Morning Chronicle*, is in all respects a voluntary prisoner in the palace. What a lesson of economy to princes! » V. sur la situation du comte d'Artois à Holy Rood et sur les privilèges de ce palais, une curieuse lettre publiée dans le même journal, n° du 13 janvier 1796.

L'expédition de Quiberon coûta la vie à M. de Saint-Maurice. A la dernière heure, « M. de Saint-Morys (*sic*) pour gagner la chaloupe qui le sauva, s'était jeté à la mer, où il avait marché sur des monceaux de cadavres. Cet homme si distingué, par son humanité, par la douceur de son caractère, en fut tellement frappé qu'il tomba malade ce jour même, de la maladie dont il mourut quelque temps après. » (*Mémoires de Puisaye*, t. VI, p. 530.)

moi qui n'étais pas au courant de ses affaires, je fus très étonné de voir l'intendant de l'armée partir mystérieusement comme une jeune fille qu'on enlève à ses parents. A Weymouth, il se persuada que M. de Puisaye nous avait oubliés et, sans prendre un moment de repos, il montait sur les hauteurs pour voir de plus loin sur la grande route. Au bout de trois jours, M. de la Beraudière arriva et nous dit que le général Puisaye était parti pour Southampton et qu'il nous enverrait chercher, quand il serait en mer.

Effectivement le lendemain nous vîmes arriver un lougre qui nous conduisit à bord de *la Galatée* et, le jour suivant au point du jour, nous montâmes à bord de *la Pomone,* où était l'état-major de l'armée et une partie de la marine royale de France. Le 16, nous rencontrâmes la flotte de l'amiral Bridport à la hauteur d'Ouessant : elle avait ordre de bloquer la flotte française dans Brest, où on la croyait. L'amiral nous fit dire qu'il avait des avis certains qu'elle était sortie : il ne nous en laissa pas moins continuer notre route et retourna à la croisière.

Le vent, après avoir été extrêmement faible, fraîchit tout d'un coup et la mer devint grosse. On dépêcha *la Galatée*, capitaine Keats, pour conduire Bois-Berthelot, Tinténiac et la Béraudière à l'île de Houat et, de là, passer au continent pour nous annoncer.

Nous voguions assez tranquillement quand, du haut des mats, on aperçut une flotte dont l'éloignement ne permettait pas de juger la force. Chacun se livra à ses conjectures : on parla d'un convoi de Saint-Domingue ou de Rochefort. Sur les deux heures du soir, l'on reconnut parfaitement que ce convoi était la grande flotte française.

La Galatée arriva à toutes voiles ; elle l'avait reconnue, et avait envoyé un chasse-marée en rendre compte à l'amiral Bridport. Le commodore, de son côté, lui dépêcha le lougre qui était venu nous chercher, vira de bord, et fit route du côté où il espérait trouver la flotte anglaise. Le vent était fort augmenté, nous n'avions pas une voile, et nous étions obligés à tout instant de mettre en panne pour attendre les bâtiments-transports.

Les officiers de la marine française regardaient comme certain que nous serions joints pendant la nuit. Les vaisseaux de guerre d'escorte auraient pu se sauver en forçant de voiles, mais le commodore n'était pas homme à abandonner son convoi. Le vent était si fort augmenté que M. de Vaugiraud nous faisait espérer que les républicains, mauvais marins, songeraient plutôt à gagner un port qu'à nous poursuivre.

Chacun parlait d'après ses idées et son caractère ; M. de Puisaye était comme mort. Pendant tout le temps que la mer a été agitée, il est resté sur son cadre, dans un état d'abattement qu'on passerait à peine à la femme la plus faible. Il ne répondait pas un mot à Sir John Warren et aux autres officiers qui lui représentaient qu'il n'en serait que plus malade en ne se levant pas. Enfin nous aperçûmes la flotte de l'amiral Bridport. Le commodore dépêcha un canot avec son premier lieutenant. La mer était si grosse qu'a son retour, il fut englouti à l'arrière de la frégate. Il se saisit heureusement des échelles de corde, et se sauva ainsi que ses rameurs.

L'amiral fit dire qu'il attaquerait la flotte française dès que le vent le permettrait. Le 23, les deux flottes furent en vue. Elles étaient à peu près de même force, mais les républicains étaient mal équipés, et ses matelots étaient frappés de terreur ou ne voulaient pas se battre par mauvaise volonté. La retraite à Brest lui était coupée, elle fuyait à toutes voiles et en désordre vers Lorient. Son arrière-garde fut jointe à la hauteur de l'île de Groix. *Le Tigre* seul fit quelque résistance : deux autres vaisseaux furent démâtés à la première bordée et amarrèrent.

Le reste cherchait à entrer dans le port de Lorient, mais l'entrée en est difficile, et la marée était contraire.

Sir John avait pris les devants de son convoi pour être au moins spectateur du combat, ne pouvant à son grand regret y prendre part. De façon que nous vîmes passablement bien l'affaire.

La Tribune, petite frégate française, venait à nous, trompée par notre construction, et nous allions à elle, avec le moins de voiles possible. Malheureusement des signaux répétés de Lorient la tirèrent de son erreur. Elle vira de bord avant que nous pussions la joindre, mais si elle eût manqué sa manœuvre, nous l'eussions sûrement prise.

La flotte française ne pouvant plus nous inquiéter, nous continuâmes notre route pour Quiberon. Il fallait longer Belle-Ile et en doubler les Cardinaux(1), qui sont à la pointe

---

(1) Cap à la pointe nord de l'île.

d'Hoedic. Nos officiers de la marine française connaissaient parfaitement bien ces parages, et leurs conseils furent très utiles.

La Galatée avait pris les devants et mis à terre les trois officiers qui devaient prévenir de notre arrivée. Le 25 mai, on mouillait dans la baie de Quiberon, à une lieue à peu près du rivage. Le commodore prit en particulier MM. de Puisaye et d'Hervilly; la conférence fut longue. D'Hervilly, sans dire positivement qu'il ne voulait pas descendre, présenta mille difficultés et aurait préféré aller prendre l'Île d'Yeu. Il se méfiait de son régiment, et c'était là son véritable motif de ne point vouloir débarquer. A l'Île d'Yeu, il aurait contenu ce régiment mieux que partout ailleurs; il y aurait en outre gagné du temps, et il n'aurait plus été question de commencer le lendemain une guerre difficile et dangereuse avec des troupes peu sûres. Il aurait fallu ensuite établir une correspondance avec Charette, et il n'était pas certain que cela fût possible. Dans le cas d'impossibilité, d'Hervilly retournait en Angleterre; on l'envoyait aux Grandes Indes ou en Amérique, et là, il était bien sûr, avec la discipline qu'il avait établie et les excellents officiers qui la faisaient observer, de contenir ses soldats. Dévoré d'ambition, il sentait que son plus grand moyen de fortune était son régiment; aussi mettait-il tous ses soins à le conserver, et certes la chose n'était pas facile.

M. de Puisaye sortit de la conférence aussi furieux qu'il était en lui de l'être (1). D'Hervilly avait parlé d'aller rejoindre Charette, et il ne pardonnait pas à quiconque ouvrait cet avis. Sir John Warren était inquiet, et balançait sur le parti qu'il avait à prendre. Si la Bretagne était aussi bien disposée qu'on nous l'avait dit, il n'était pas douteux qu'il ne fallût lui porter les secours sur lesquels elle avait compté ; mais si on nous avait trompés sur

(1) V. dans les *Mémoires de Puisaye* (t. VI, p. 92-99) le récit de cette conférence.

ses moyens, en les jugeant proportionnés à sa bonne volonté, il était plus raisonnable d'aller porter à l'armée déjà formée des provisions immenses en tout genre et d'y réunir le petit nombre de troupes que nous avions. On était surpris, inquiet de ne recevoir aucune nouvelle du continent, quand M. de Tinténiac nous arriva à bord de *la Pomone.* Il était en grand uniforme de chouan, sale et déguenillé à faire horreur. C'était un très brave homme, sans tête, sans jugement, mais très propre à ce genre de mission. Deux matelots l'avaient amené dans le canot d'un chasse-marée. Son arrivée leva toutes les difficultés. Il nous dit qu'on nous attendait, que huit cents hommes protégeraient notre descente, et qu'en huit jours nous serions joints par vingt mille hommes. La descente fut décidée pour le lendemain 27 juin, et il repartit dans son canot pour rassembler ses chouans.

Heureux de toucher au moment tant désiré,

j'étudiais mes pressentiments, et j'avoue que le choix de M. de Puisaye pour cette campagne m'inquiétait singulièrement. Je sentais que pour une pareille expédition, il fallait un chef doué de bien des qualités que je ne trouvais point en lui. Sans témoigner d'inquiétude pour le danger, il se laissait abattre par le moindre mal et n'était rien moins que militaire.

D'Hervilly prenait toutes ses dispositions sans lui en parler. Je dis un jour à M. de Puisaye : « Soyez donc le chef et le maître. — Vous verrez, me dit-il, quand nous serons à terre. » J'ai vu à terre de la brusquerie, de la malhonnêteté, mais pas un instant de fermeté réelle.

Les troupes s'embarquèrent à la nuit tombante. M. de Puisaye fut dans le canot du commodore, d'Hervilly dans celui de *la Galatée*, et moi dans celui de *l'Artois*, capitaine Nagle. Le temps était superbe; pas un souffle de vent. On murmurait des retards qu'éprouvent toujours les opérations, surtout une descente qui exige un accord très difficile entre la marine et les troupes de terre.

Loyal-Emigrant faisait l'avant-garde ; Royal-Louis, le corps de bataille; la marine et du Dresnay, l'arrière-garde. Il y avait si peu de résistance à craindre que c'était une vraie partie de plaisir. Nous allâmes attendre à bord de *la Galatée* que les bateaux plats eussent fait un peu de chemin et, vers deux heures du matin, nous nous mîmes en route pour les rejoindre. Dès que les forts de Quiberon nous aperçurent, ils nous signalèrent, et environ deux cents hommes se mirent en bataille sur le rivage vis-à-vis Carnac, à l'endroit du débarquement. Au reste, nous pouvions choisir, et l'on était bien décidé à ne faire de résistance nulle part.

Quiberon se serait rendu comme il l'a fait quelques jours après, et peut-être les choses eussent-elles tourné différemment, si nous y fussions descendus d'abord. La résistance de la garnison sans vivres ni munitions n'était pas bien effrayante. D'Hervilly sépara la petite flotte en deux : Loyal-Emigrant, qui était le plus avancé, continua à porter à terre; Royal-Louis prit un peu à droite, afin d'exécuter la descente sur deux points et d'inquiéter les républicains, incertains du lieu où l'on descendrait réellement. Je me rappelle que mon malheureux domestique se désolait de ce que, selon lui, Loyal-Emigrant ne manœuvrait pas bien et me conjurait de lui dire d'avancer. Je n'ai jamais connu un meilleur homme, ni plus réellement royaliste. Il y avait plus des deux tiers des domestiques de la flotte qui pensaient différemment, et qui n'en ont pas moins payé de leur vie une démarche bien contraire à leur opinion.

A une demi-portée de canon de la terre, Loyal-Emigrant déploya ses drapeaux, et se mit à crier : *vive le Roi!* Royal-Louis y répondit, et tout le monde encourageait les rameurs. Les deux cents hommes qui étaient à découvert sur le rivage se replièrent jusque derrière un ravin. Alors je crus réellement qu'ils avaient envie d'opposer quelque résistance, mais à peine touchions-nous à terre qu'ils prirent la fuite, donnèrent dans une embuscade de chouans à Carnac, y perdirent quelques hommes et eurent une demi-douzaine de prisonniers qu'on nous amena. L'on descendit et l'enthousiasme était à son comble. M. d'Hervilly, loin de le partager, avait l'air sévère et soucieux; il fit mettre son régiment en bataille et l'aligna avec le plus grand soin, sans prendre part à la joie générale.

Nous n'avions aucune nouvelle de ce qui s'était passé à Carnac, et nous ne savions à qui attribuer l'avantage. Le Mont-Saint-Michel, poste important, distant de nous d'une demi-lieue, était couvert de monde, mais personne ne pouvait assurer si c'étaient des républicains ou des chouans. Tinténiac y était; il avait attaché sa chemise au bout d'une grande perche, espérant que nous reconnaî-

trions l'ancien signal de ralliement français;
mais, pour plusieurs raisons, il était facile de
s'y méprendre. Au bout d'une heure quelques
chouans arrivèrent qui nous dirent qu'ils
étaient maîtres du pays et que très incessamment nous verrions déboucher leurs colonnes

Le premier chef de chouans que j'aie vu
est M. de Kerminguy, appelé Charles dans
le pays. C'était un homme bien fait, l'œil vif,
un peu bègue et n'en voulant parler que davantage et plus vite. Il était vêtu d'une petite
veste verte, d'un pantalon de même couleur
qui ne lui passait pas le mollet, le bas des
jambes nu, couvert d'une boue noire séchée
et renouvelée cent fois, presque pas de souliers, encore moins de chapeau et une barbe
de trois mois, un poignard, des pistolets à la
ceinture, un large sabre et un fusil à deux
coups. Il arriva avec une douzaine de chouans
et s'annonça pour le héros du pays.

Tinténiac arriva avec quatre cents hommes;
Bois-Berthelot et la Béraudière avec chacun

cinq à six cents. Tous ces braves et honnêtes gens criaient : *vive le Roi !* de toute la force de leurs poumons, nous embrassaient, nous disaient qu'ils nous avaient attendus un peu longtemps, qu'ils avaient été vexés, malheureux, mais que tout était oublié puisqu'ils allaient avoir des armes, des officiers, de braves camarades, et qu'ils verseraient tous jusqu'à la dernière goutte de leur sang pour leur Dieu, leur roi et leurs seigneurs. Je ne puis exprimer l'état dans lequel j'étais; bien malheureux celui qui a pu sans attendrissement être témoin d'un pareil spectacle !

Les officiers anglais, le brave Warren partageaient notre joie et notre bonheur. « Toute la Bretagne est comme nous, disaient ces malheureux chouans ; *marchez seulement et vous verrez.* »

L'arrière-garde arriva avec l'artillerie ; on alla chercher les armes, les habits et les munitions. Tous les chouans qui étaient arrivés étaient armés, mais mal. On prit leurs vieux fusils qu'on remplaça par des neufs. Georges et Mercier (la Vendée) arrivèrent le soir même avec leur troupe. Amis intimes, ils se quittaient peu. Le premier, d'une stature très vigoureuse, était costumé à peu près comme Charles, brutal mais de la valeur la plus brillante, craint et adoré de ses chouans. Maître absolu, s'il prononçait la mort, il était obéi sur le champ.

Le second, plus jeune que lui, doux, honnête et parlant bien, avait une très jolie figure. Tous les deux, à ce qu'on m'a dit, étaient écoliers de droit, quand ils ont pris les armes.

Il y eut un peu de désordre, et il était impossible de l'éviter. En vain Georges, tenant son fusil par le canon, contenait ou plutôt assommait son bataillon : rien ne pouvait empêcher les pauvres chouans de se jeter sur les fusils et quelques-uns même de les essayer. Alors d'Hervilly perdit la tête et devint furieux (1). Il vint nous dire hors de lui que les chouans avaient blessé deux de ses soldats, fit battre la générale et annonça qu'il se rembarquerait, si le désordre ne cessait pas. M. Borse, major de Loyal-Emigrant, chargé de prendre place en avant, voulut éclairer le pays avec des tirailleurs. D'Hervilly le traita de la manière la plus dure, ce qui déplut beaucoup à son régiment, plein de confiance en un aussi bon chef. Il brusqua Georges et la Vendée et, en un mot, nous donna un échantillon de ce qu'il a été depuis. J'étais désolé, je lui parlai en particulier ; il me dit que ce désordre désorganisait son régiment. Je le conjurai de passer quelque chose à l'enthousiasme du premier

---

(1) « Il menaça le général en chef de rembarquer son régiment. Ce fut à cette occasion que M. de Puisaye pria M. de Contades de prendre la place de major général de l'armée et de renoncer au commandement de l'avant-garde, qu'il lui avait promis. » (Annot. aux *Mémoires de Vauban*.)

moment : il se calma un peu, et conduisit son régiment au village de Carnac.

Georges offrit d'escalader pendant la nuit le fort Penthièvre, sûr, disait-il, de réussir dans le premier moment de terreur. On ne le voulut pas. « Dans ce cas, dit-il, j'attaquerai Auray car, si vous leur donnez le temps de se reconnaître, nous sommes perdus. » M. d'Hervilly ne voulait rien entendre, brusquait tout le monde, et parlait cependant à M. de Puisaye avec une affectation extrême de respect.

Je devais commander l'avant-garde : ce commandement me flattait beaucoup. Je comptais y avoir du canon et un fort détachement de troupes de ligne. J'y renonçai avec grand regret, mais je pensai que, si je n'étais pas intermédiaire conciliant entre M. de Puisaye et d'Hervilly, jamais ils ne s'entendraient. M. de Puisaye le sentit et me donna la place de major général de l'armée, ce qu'approuva beaucoup d'Hervilly, mais il

ne voulut jamais que l'ordre se donnât chez
M. de Puisaye. Il disait qu'il irait le chercher
ou qu'on le lui enverrait et qu'il le ferait
passer au reste de l'armée.

Tous les jours il nous venait deux ou trois
mille hommes. De tous côtés on voyait déboucher des colonnes de chouans qui en
annonçaient d'autres. En quinze jours, il y
en eut de douze à quinze mille d'armés et
plus de la moitié d'habillés.

On nous a accusés d'avoir armé et habillé
des républicains qui venaient nous éprouver.
Cette accusation tomberait directement sur
moi, car c'est moi qui ai distribué tous les
fusils, mais elle est aussi fausse qu'aisée à
détruire. On a toujours armé et habillé par
compagnie, le capitaine et les officiers présents armant et habillant eux-mêmes leurs
chouans et les appelant par leurs noms. On a
peut-être eu tort de n'être pas assez difficile
sur l'âge et la force; mais comment refuser
un fusil à un vieillard, entre ses deux enfants

forts et vigoureux, surtout quand il vous en remettait un avec lequel il se battait depuis longtemps !

D'Hervilly ne voulant pas diviser son régiment ni marcher en avant, on envoya Bois-Berthelot avec deux mille chouans du côté d'Auray et Tinteniac, du côté de Landevan avec un pareil nombre, soutenu par une division que commandait Vauban. Ces généraux eurent d'abord quelques succès ; l'esprit de terreur avait frappé toutes les troupes de la république qui, comme les nôtres, attendaient l'événement pour se prononcer et, si à cette époque on eût marché et bien payé les déserteurs, je ne doute pas que les troupes ne se fussent rangées de notre côté ; la Bretagne alors était conquise.

Dans presque toutes les villes, il y avait un parti puissant de gens bien pensants, de bons royalistes prêts à écraser le parti républicain qui n'aurait demandé qu'à capituler. L'on ne saurait calculer l'avantage de faire la guerre dans un pays aussi prononcé que la Bretagne l'était en notre faveur : pas un soldat ennemi ne pouvait s'écarter de sa colonne sans être massacré par les femmes elles-mêmes; il ne trouvait de secours, de denrées d'aucune espèce; l'inquiétude et la méfiance le poursuivaient partout. Nos soldats, accueillis et soignés, ne voyaient de tous côtés que des amis généreux. Je n'ai pas rencontré un paysan qui ne m'ait salué avec l'air du bonheur, en me disant : *vive le Roi* !

A l'approche des troupes, Auray et Landevan furent évacués. Les deux généraux envoyèrent demander quelques troupes de ligne et du canon pour marcher en avant. On les leur refusa avec humeur; ils en prirent de leur côté, ainsi que leurs chouans, qui demandaient si les nouveaux débarqués n'étaient venus que pour les regarder se battre.

M. d'Hervilly tenait son régiment à Carnac dans le plus grand ordre. Il lui déserta trois hommes qui furent ramenés par les chouans ainsi qu'un du régiment d'Hector. Ce dernier fut fusillé, blasphémant jusqu'au dernier moment. Un des trois de Royal-Louis subit le même sort et de la même manière à la tête du régiment. D'Hervilly fit grâce aux deux autres qui paraissaient plus chrétiens et repentants. M. de Puisaye, qui ne savait pas un mot des ordonnances militaires, me disait : « Je le vois venir, s'il fait quelque chose sans mon ordre, il le payera cher. » D'Hervilly n'en faisait pas moins tout pour son régiment et même pour les autres, prononçait en dernier ressort, les passait en revue sans en dire un mot au général qui *le voyait toujours venir*. Je n'ai jamais pu obtenir qu'il passât en revue sa petite armée. Il en a pourtant été le maître, car d'Hervilly le lui a proposé devant moi. M. de Puisaye était surtout paresseux à l'excès ; il aimait beaucoup à recevoir des honneurs ; mais si l'on eût pu les lui rendre dans son lit, c'est là qu'ils les eût préférés. Son aide de camp, La Jaille, lui avait persuadé qu'il fallait battre aux champs pour lui, et il m'a su très mauvais gré d'avoir mis à l'ordre qu'on rappellerait pour le général en chef, lieutenant général des armées du roi.

Alors je le vis se refroidir beaucoup pour moi. Il ne parlait cependant de moi qu'avec les plus grands éloges; il exigeait même que je couchasse dans sa chambre (1) (ce qui m'était assez désagréable, car je n'avais pas un instant de repos), mais je voyais bien qu'il écoutait les plaintes de quelques aventuriers véritables qui le flattaient à tout propos et me déjouaient sans cesse. Je puis dire toutefois que je n'ai pas cessé un instant de faire tout émaner de lui et de le faire valoir le plus

---

(1) « Le comte de Contades ne me quittait ni jour ni nuit; durant toute l'expédition, son lit était à côté du mien. Je m'étais fort attaché à lui, et je l'avais fait maréchal de camp; il est plus qu'un autre dans le cas d'attester la vérité des moindres détails. » (*Mémoires de Puisaye*, t. VI, p. 219.)

que je pouvais, quoique mon opinion à son égard eût beaucoup changé.

Les nouvelles d'Auray et de Landevan étaient très mauvaises. Bois-Berthelot avait été battu et blessé d'un coup de fusil au bras. Du côté de Landevan, les chouans avaient pris la déroute, malheur qui leur arrive toutes les fois qu'ils éprouvent une attaque ou une résistance un peu forte. Nous n'avions pas un retranchement, pas une pièce de position pour assurer notre retraite, si nous eussions été attaqués et obligés de nous rembarquer. La presqu'île de Quiberon, défendue par le fort Penthièvre était un poste excellent; mais il semblait difficile de s'en emparer. L'on se détermina cependant à l'attaquer.

Dans la nuit du 2 au 3 juillet, on embarqua le régiment d'Hector avec dix-huit cents des meilleurs chouans pour attaquer la presqu'île par mer, et M. d'Hervilly partit, à la nuit tombante, pour attaquer par terre, au point du jour.

Après avoir embarqué le général Puisaye et les chouans, j'allai rejoindre d'Hervilly pendant la nuit. Avant le jour, j'entendis quelques coups de canon; et je crus que Quiberon résistait. Je tremblai pour le régiment d'Hector, qui, sans utilité et sans pouvoir se défendre, eût été englouti cette nuit-là, comme il a été foudroyé, le 16, par les batteries de Sainte-Barbe. Heureusement que c'étaient des signaux de l'escadre.

Je rejoignis d'Hervilly au point du jour, et je lui amenai six cents chouans, tous anciens matelots, braves, adroits et excellents, pour escalader le fort, si on y avait été obligé.

D'Hervilly s'avança à la portée du canon et envoya des tirailleurs en avant. Les républicains en firent autant de leur côté, mais sans tirer un coup de fusil. L'entrée de la presqu'île est défendue par le fort Penthièvre, que les patriotes ont appelé fort Sans-Culotte. Il n'est possible de le tourner qu'à marée basse. Il est composé d'une espèce de camp retranché avec un glacis dont la crête est palissadée, sans chemin couvert, dominé par un ouvrage revêtu et hérissé de rochers. En plein jour, il est presque impossible d'en approcher. Il faut parcourir, avant d'y arriver, l'espace de plus d'un quart de lieue, où l'on est découvert jusqu'au soulier. C'est sur ce terrain que M. d'Hervilly avait placé ses troupes en colonne serrée. Il y avait un grand mouvement dans le fort; deux ou trois soldats paraissaient très empressés à faire travailler les autres qui s'y refusaient. La flotte s'avançait avec l'air le plus imposant : il était aisé de voir qu'on voulait capituler. D'Hervilly demanda un officier qui arriva sur le champ. Jamais je n'ai vu une plus mauvaise figure; il avait un habit tout déchiré, caché sous une capote hollandaise. D'Hervilly le chargea de sommer, de sa part, le commandant du fort de se rendre. Il lui fit quatre ou cinq grandes phrases, dit qu'il ne venait que pour leur bonheur, etc. Le parlementaire l'écouta froidement, et revint avec un petit chiffon de papier sur lequel il y avait écrit : « Le fort Sans-Culotte m'a été confié par la République, et je dois le défendre. » D'Hervilly lui répondit qu'il lui donnait une demi-heure, mais que si, au bout de ce temps, il ne se rendait pas, il emporterait le fort d'assaut et qu'ils seraient tous passés au fil de l'épée.

Nous retournâmes à nos troupes : d'Hervilly parla à son régiment avec une gaîté toute française. « Mes enfants, leur dit-il, ils veulent nous donner la peine de les prendre ; moi, je l'aime mieux, s'il faut vous parler vrai. Quand nous aurons quitté les havresacs, plus de grâce pour eux, je les en ai prévenus. » Le régiment répondit : « Marchons, à bas les sacs, et *Vive le Roi !* » Je me mis à pied à la tête des matelots, et leur dis à peu près la même chose que d'Hervilly ; ils me répondirent dans leur langage : « J'sommes parés à nous battre et *Vive le Roi !* »

A peine étions nous rendus à nos postes

que le commodore fit le signal d'attaque, qui était quatre coups de canon à intervalles égaux. Les républicains crurent qu'on allait descendre et envoyèrent sur le champ demander à capituler. D'Hervilly entra dans le fort avec M. Langlois, commandant du génie, et nous attendîmes sur la falaise le résultat de la conférence. Le commodore et M. de Puisaye mettaient à terre dans le même moment. Les républicains étaient extrêmement inquiets redoutant surtout l'usage des chouans de ne jamais faire de grâce. Ils voulaient capituler à des conditions qu'il n'était plus temps de proposer ; ils consentirent enfin à se rendre à discrétion aux Anglais, espérant en être mieux traités.

Nous prîmes possession du fort avec les deux compagnies de Royal-Louis. Nous y trouvâmes Sir John Warren et M. de Puisaye, avec un détachement de la garnison des vaisseaux. Le général voulut parler aux prisonniers et y mit la gaucherie qu'il mettait à tout.

Il ne savait que faire de son grand sabre et de ses grandes jambes, et il les entortillait toujours ensemble de la manière la plus grotesque. Avec beaucoup d'esprit, il parlait mal. Les prisonniers ne l'écoutèrent pas, et, vraiment, ce qu'il leur disait n'en valait guère la peine. Plusieurs même ne purent s'empêcher de rire de son costume : il avait toujours une grande veste grise, avec huit poches, et un vieux chapeau rond, relevé par devant à la Henri IV, qui lui donnait la figure la plus ridicule.

Nous fîmes à peu près six cents prisonniers : le régiment de la Reine y était presqu'en entier. Les deux tiers s'engagèrent sans difficulté dans les différents régiments, et s'y sont fort bien conduits (1) ; d'Hervilly en avait une compagnie qui paraissait transportée de joie. Les troupes de ligne retournèrent à

---

(1) « On en forma une compagnie qui s'est parfaitement conduite. Ils étaient de l'ancien régiment de la Reine-Infanterie. » (Ann. aux *Mémoires de Vauban*.)

Carnac et on laissa huit cents chouans dans la presqu'île.

Nous étions au comble du bonheur, nous croyant inexpugnables derrière notre fort. Les officiers du génie prétendaient faire de la presqu'île *un second Gibraltar* (ce sont leurs propres termes). Sans songer à travailler pour la postérité, s'ils avaient voulu tout simplement, pour nous mettre à l'abri d'une surprise, couper la falaise par un large fossé, remettre à des temps plus calmes à déployer leurs talents et ne songer qu'à la sûreté du moment, nous nous en serions peut-être mieux trouvés.

L'ordre fut donné de conduire le surlendemain toutes les troupes dans la presqu'île. Je représentai à M. de Puisaye qu'après les échecs d'Auray et de Landevan, nous rendre directement à Quiberon, c'était nous donner l'air d'une armée battue, et que nous perdrions la considération qui nous restait. Le rapport de tous nos espions était que le seul corps rassemblé de républicains se trouvait entre Landevan et Hennebon, qu'il était de quatre mille hommes, dont beaucoup très bien disposés en notre faveur. Je proposai à M. de Puisaye de réunir toutes nos forces, qui, d'après le tableau que je lui en présentai, se montaient à neuf mille hommes, en ne prenant parmi les chouans que les compagnies de marins qui, certes, valaient mieux que des soldats. « Nous les battrons, lui dis-je, je n'en fais aucun doute. Vous pourrez profiter de votre victoire, si vous le jugez à propos, et, dans ce premier moment, ses suites seront incalculables, car toute la Bretagne prendra alors les armes pour nous. Si nous sommes battus, nous nous replierons dans notre presqu'île et nous nous y reposerons, attendant les événements. »

M. de Puisaye approuva assez froidement mon plan, me dit d'aller le porter à M. d'Hervilly, et s'en fut se reposer.

J'allai trouver d'Hervilly à Carnac et lui

soumis mon plan de la part de M. de Puisaye. D'abord il l'approuva et entra dans tous les détails. Les compagnies de marins devaient se trouver à Carnac au point du jour; le reste des chouans, éparpillé sur les ailes, devait inquiéter l'ennemi, et, s'il prenait la fuite, en faire un terrible carnage. J'étais à cheval depuis vingt-sept heures et très fatigué : j'allai me jeter sur un lit. A peine étais-je endormi, que d'Hervilly entra dans ma chambre, et me dit que mon plan était inexécutable pour le moment, que les ennemis étaient à plusieurs marches de nous (ce qui était faux), que faire bivouaquer les troupes les fatiguerait beaucoup, que ses soldats n'avaient pas de souliers, qu'il fallait mieux aller s'établir à Quiberon, et que, dans deux jours, nous attaquerions avec plus d'ensemble (1).

(1) « Dans la nuit qui a suivi la prise de Quiberon, M. de Contades retourna à Carnac, conjurer M. d'Hervilly de marcher en avant. D'Hervilly y consentit mais, ayant

J'étais au désespoir, j'insistai ; il se fâcha et je vis qu'il était impossible de le faire changer d'avis. Je retournai rendre compte de ma mission à M. de Puisaye. Mon peu de succès ne parut pas l'affecter du tout. « Il faut le laisser faire, » répondit-il froidement.

D'Hervilly avait un plan qui cadrait parfaitement avec celui qu'il avait formé, en partant, d'isoler son régiment. D'ailleurs s'il réussissait, la gloire lui en revenait à lui seul. Il marcha donc avec son seul régiment sur Landevan. Il ne rencontra que quelques patrouilles qui se replièrent à son approche, fit une halte très longue, montrant le plus grand front qu'il put pour en imposer à l'ennemi, et arriva le soir à Quiberon, après une marche de plus de neuf lieues. Il exécuta ainsi à moitié ce que je lui avais proposé, au

rassemblé des officiers, il changea d'avis, demanda deux jours de repos dans la presqu'île, sous prétexte que les soldats n'avaient pas de souliers, et, s'y rendant, il fit une marche de neuf lieues pendant laquelle il rencontra l'ennemi qui se replia. » (Ann. aux *Mémoires de Vauban*.)

lieu d'attaquer l'ennemi et de le contraindre à une affaire dont le succès pour nous valait peut-être la Bretagne et dont la perte n'avait d'autre suite que de le forcer à faire ce qu'il faisait de son plein gré. D'Hervilly, agissant toujours en simple colonel, petit dans ses plans comme dans ses moyens, se contenta ainsi d'un exercice de garnison, et pensa, par cette belle manœuvre, nous faire prendre dès le lendemain.

Tinténiac avait été battu et sa division mise en déroute. Il avait rencontré la division de Vauban (1), qui avait suivi ce dangereux exemple. Nous étions assez bien établis à

(1) M. de Vauban avait reçu à Mendon le brevet d'officier général, à la date de son départ d'Angleterre. (V. ses *Mémoires*, p. 79). « M. de Puisaye le lui avait accordé à la demande de M. de Contades, qui le lui envoya avec une lettre de compliments. Vauban, en répondant au général Puisaye, demanda de reprendre son rang sur M. de Contades, ce qui était déjà convenu. M. de Puisaye montra la lettre à M. de Contades, en lui disant : « Voyez ce que c'est que votre Vauban ! » (Annot. aux *Mémoires. de Vauban*.)

Quiberon. M. de Puisaye passait et repassait devant la garde et se faisait tambouriner à son aise. Il avait jeté un regard de complaisance sur le fort, y avait établi M. de Folmont, (1) officier de génie, commandant, M. de Sainneville (2), officier de marine, gouverneur de la presqu'île, et était rentré chez lui.

J'étais dans le fort, et je l'examinais avec les officiers du génie, quand nous aperçûmes de très loin la falaise couverte d'un monde prodigieux, courant dans le plus grand désordre. Quelques jeunes gens arrivèrent les premiers, en nous disant que les bleus les poursuivaient. Vieillards, enfants, femmes,

---

(1) Antoine Testas de Folmont, capitaine du génie, né à Bazat (Lot), fut exécuté à Vannes le 2 août 1795.
Ce renseignement est emprunté à l'ouvrage de M. de la Gournerie, *les Débris de Quiberon*, suivi de la *liste des victimes rectifiée*.

(2) Nicolas-Anne Baudot, comte, puis marquis de Sainneville, de Sainneville-sur-Seine (Seine-Inférieure), chef de division des armées navales, fut fusillé à Auray, le 1er août 1795. (La Gournerie, *Débris de Quiberon*.)

officiers, chouans, tous couraient pêle-mêle, frapprés d'une terreur que rien ne peut dépeindre (1). Il faut avoir vu ce spectacle pour s'en faire une idée. Je fis prévenir d'Hervilly qui arriva au fort, où il n'y avait pas cinquante hommes de garde. Il envoya chercher le régiment du Dresnay. M. de Talhouët, qui le commandait, dit qu'il ne pouvait pas marcher avant deux heures, que ses soldats étaient allés chercher des vivres. Royal-Louis, cantonné au fond de la presqu'île, ne faisait pas espérer un secours plus prochain. La position était critique. Les chouans étaient frappés d'une telle terreur que, sans chercher la porte, ils avaient esca-

(1) M. de Vauban prétend, dans ses *Mémoires*, que ses troupes montrèrent la meilleure volonté pour faire une retraite lente et disputée. « Cela n'est pas vrai, écrit M. de Contades; officiers, chouans, enfants, femmes, vieillards sont arrivés pêle-mêle et à toute course dans le fort, poursuivis par quelques tirailleurs et sans riposter un coup de fusil. » (Ann. aux *Mémoires de Vauban.*)

ladé les revêtements et franchi les palissades. En un mot, ils nous avaient pris d'assaut. Je voulus mettre un peu d'ordre et les arrêter. Ils se jetèrent à mes pieds, pleurant et coulant entre mes jambes, de façon que j'étais dans le plus grand embarras. D'Hervilly, hors de lui, frappait comme un furieux sur tout le monde : « Au nom de Dieu, me disait-il, débarrassez-moi de tout ce monde-là, » comme s'il était possible de se débarrasser de plus de douze mille hommes, qui avaient perdu la tête, et de quarante charettes, qui obstruaient tous les passages(1). Pour comble de malheur, une voix s'écria : « Voilà les bleus ! » Cette voix fut le signal d'une décharge générale et dans tous les sens. Vauban, qui était au bas des revêtements, voyant

(1) « M. d'Hervilly disait à M. de Contades, avec l'accent anglais qu'il affectait toujours : « Général, au nom de Dieu, débarrassez-moi de tout ce monde-là, » comme si M. de Contades eut pu savoir plus que lui où les mettre. » (Ann. aux *Mémoires de Vauban*.)

la plus grande partie des fusils dirigée vers lui, n'eut que le temps de se jeter à bas de son cheval.

Jusque-là, nous n'avions pas vu un ennemi. Nous aperçûmes alors une centaine de tirailleurs. L'on tira deux ou trois coups de canon dessus, et ils se replièrent. Nous vîmes de loin quelques troupes en bataille, mais peu nombreuses. Pendant ce temps-là, M. de Puisaye dînait tranquillement. Les chouans furent chassés du fort et cantonnés dans la presqu'île.

Les officiers du génie tracèrent en avant du fort ce fameux ouvrage qui devait nous donner un second Gibraltar. De leur côté, les républicains s'établirent à Sainte-Barbe, village qui ferme l'entrée de la falaise, et travaillèrent à s'y retrancher avec la plus grande activité.

Nous avions un monde énorme dans la presqu'île, mais beaucoup de vieillards, de femmes et d'enfants. Ce que nous avions de meilleur en chouans était un bataillon de la ville d'Auray, bien vêtu et bien armé (ce qui valait un régiment); une partie de la division de M. de Bois-Berthelot, commandée par un nommé La Ronce, ancien grenadier du régiment de Walsh, qui servait bien et faisait bien servir; enfin les compagnies de marins, meilleures que tout le reste.

M. d'Hervilly sentait que c'était une détestable position que d'être assiégé dans Quiberon. On le lui répétait d'ailleurs continuellement. Du fort supérieur, on voyait parfaitement bien les républicains travailler à se retrancher à Sainte-Barbe. Le 7 juillet, il se décida à les attaquer. L'ordre fut donné à ses troupes pour minuit : il en forma trois colonnes qu'il fit précéder par cinq détachements de chouans, formant à peu près six cents hommes.

Quoique le poste des chouans ne dût pas être l'avant-garde, ceux-ci étaient si bien choisis qu'ils ont tenu mieux que les troupes de ligne. A minuit, nous nous mîmes en marche dans le plus grand ordre et dans le plus profond silence. Nous n'étions pas à vingt pas de la sentinelle, quand elle nous cria : « Qui vive ! » On hésita à répondre ; elle tira sur nous, en criant : « Aux armes ! » Le poste fit feu, mais dans le plus grand désordre. Si nous étions tombés dessus, la baïonnette au bout du fusil, il était clair que les républicains étaient surpris, que le fort Sainte-Barbe était emporté.

J'allai demander des ordres à M. d'Hervilly, qui était à la tête de son régiment. Il était furieux comme à son ordinaire. « Otez-vous de là, Monsieur, me dit-il. Pardieu ! vous aurez assez de coups de fusil ! » Cette agitation fit perdre la tête à son régiment et à celui de du Dresnay ; ils firent feu quoique en colonne, et je ne conçois pas qu'il n'y ait pas eu plus de monde de tué à cette affaire. Nous nous jetâmes entre les régiments et l'on parvint, non sans peine, à faire cesser le feu et à les rallier. Si nous eussions marché en avant, l'artillerie ennemie était hors d'état de nous faire aucun mal, car nous étions hors de la direction des batteries. D'Hervilly au contraire fit avancer deux pièces de canon et leur ordonna de tirer. « Et sur quoi ? demanda l'officier, je ne vois rien. — Sur ces feux, dit le général, » et l'officier obéit à regret, prévoyant ce qui allait arriver.

Dès que les républicains, éclairés par le feu de nos pièces, eurent une direction pour les leurs, leur feu commença, et nous fûmes écrasés de boulets et d'obus. Il était encore temps de marcher : deux cents pas nous mettaient en avant des batteries et hors de portée d'en rien craindre ; le plus grand désordre régnait à Sainte-Barbe ; on sonnait à cheval, on battait la générale, et j'ai entendu distinctement des soldats crier : « Nous sommes surpris, il n'est plus temps ; sauvons-nous ! »

De toutes les fautes que d'Hervilly a

faites, celle de ce jour a peut-être été la plus grande (1). Au reste, il a toujours fait la même manœuvre. Quand l'ennemi est surpris, quand ses avant-postes sont repoussés, quand les colonnes sont au-delà des batteries, d'Hervilly abandonne son avantage, commande demi-tour à droite par homme, et fait sa retraite dans le même ordre qu'il avait

(1) « De toutes les fautes qu'à faites d'Hervilly, celle de cette nuit est peut-être la plus capitale. Les républicains ne s'attendaient point à être attaqués; la nuit était extrêmement obscure, et l'on avait devancé toutes les batteries. M. de Contades, avec l'avant-garde, était contre le village. Le poste tira à quinze pas sur son détachement, tua un homme et blessa son cheval. Il fallait alors foncer à la baïonnette. On entendait distinctement les républicains crier qu'ils étaient surpris; on sonnait à cheval, on battait la générale. Soit que M. d'Hervilly craignît de lâcher son régiment la nuit au milieu des républicains, soit qu'il crût mieux faire, il s'emporta contre M. de Contades, lui donna l'ordre de se replier avec six cents chouans qui formaient l'avant-garde, et fit avancer deux pièces de canon. « Tirez, Monsieur, dit-il à l'officier. — Et sur quoi, mon général? Je ne vois rien. — Tirez toujours sur ces feux. » A peine les républicains, éclairés par le feu de nos pièces sur notre position, nous eurent-ils aperçus, que nous fûmes écrasés de mitraille et d'obus. » (Ann. aux *Mémoires de Vauban*.)

attaqué. Nous eûmes une centaine d'hommes tués ou blessés. M. de Jumilhac reçut deux coups de fusil, et j'eus mon cheval blessé à la première décharge.

Nous avions fait une véritable cacade. L'on se décida à prendre une revanche, et, trois jours après, l'on recommença la même manœuvre. Elle réussit très bien, les avant-postes se replièrent et abandonnèrent un petit camp que l'on pilla. Nous nous retirâmes en bon ordre et sans aucune perte.

L'intérieur de la presqu'île allait très mal. Les chouans y étaient très malheureux, y mouraient de faim, et ne travaillaient à l'ouvrage avancé qu'avec dégoût et nonchalance. Quand on leur reprochait leur paresse, ils répondaient toujours qu'ils n'avaient pas mangé depuis vingt-quatre heures. Un peu de biscuit et de viande salée ne suffisait pas pour nourrir un paysan habitué à des aliments plus solides. M. de Puisaye mettait à l'ordre qu'il voulait que les braves chouans, ces fiers soutiens de l'autel et du trône, fussent parfaitement bien traités, mais, comme, une fois l'ordre donné, il ne s'en occupait guère, il arrivait que les braves chouans n'avaient pas de quoi manger.

Autant pour faire une diversion que pour se débarrasser de bouches inutiles, l'on se décida à envoyer Tinténiac du côté de Sarzeau, avec Georges, La Vendée, et deux mille chouans, et, du côté de Quimper, un nommé Jean-Jean, autre général de chouans.

M. de Puisaye, en me donnant l'ordre de les embarquer, me disait avec complaisance : « Ils vont venir attaquer les patriotes par derrière ; nous les attaquerons par devant, et nous en ferons une déconfiture effroyable. » Il a toujours conservé cette idée chimérique, et, après l'affreuse affaire du 21, quand nous entendîmes les feux de peloton des assassins de nos malheureux camarades, il me disait toujours que c'était Tinténiac et Jean-Jean qui attaquaient les républicains.

Je croyais bien que Tinténiac avec les meilleurs chouans pouvait opérer une petite diversion, mais, quant à Jean Jean, j'ai toujours pensé ce qui est arrivé, qu'en mettant pied à terre, lui et ses soldats cacheraient leurs armes et leurs habits rouges, pour retourner chez eux, en se promettant bien de ne jamais s'enrôler dans une armée où l'on mourait de faim (1).

L'ouvrage avancé était presque terminé ; l'on hérissait le fort de canons, mais l'on ne songeait qu'à ce seul point de défense. Lui pris, il n'y avait plus de ressources, pas une batterie dans l'intérieur de la presqu'île sous la protection de laquelle on put se rallier. Le fort était réellement imprenable le jour ; la nuit seule, on pouvait craindre une sur-

---

(1) « M. Jean-Jean ne me dissimulait pas la ferme résolution qu'il avait prise, en arrivant à la côte, d'y déposer, ainsi que les siens, les armes et les habits rouges, et de ne plus *chouanner*, ce que tous ont religieusement observé. » (Ann. aux *Mémoires de Vauban*.)

prise. Le seul moyen de se garantir de ce danger était d'établir, fort en avant des postes, de bonnes troupes et des patrouilles continuelles. M. d'Hervilly, peu sûr de son régiment, ne voulait pas l'exposer à cette épreuve, craignant de ne trouver personne le lendemain matin. Pour cacher sa méfiance, il ne voulait permettre à aucun régiment d'y aller. Je proposai nos pauvres chouans ; M. de Puisaye approuva ma proposition, sans en parler à son second, et je donnai l'ordre au duc de Lévis (1) d'en amener quatre cents sur la falaise.

D'Hervilly le rencontra, et lui demanda

---

(1) Pierre-Marie Gaston de Lévis, fils du premier duc de Lévis (François-Gaston), maréchal de France, et père des deux derniers, Gaston et Léo, morts sans postérité. Le duc de Lévis, dont il s'agit ici, fut sous la Restauration pair de France, maréchal de camp, membre du conseil privé et de l'Académie française. Il est mort en 1830. Nous possédons une lettre de lui, datée du 3 août 1814, dans laquelle, évoquant les souvenirs de Quiberon, il rend hommage à la belle conduite du comte de Contades, particulièrement dans l'affaire du 16.

où et par quel ordre il conduisait cette troupe. Il répondit que c'était par ordre de M. de Puisaye. D'Hervilly alla interroger le général qui n'osa dire que oui. Aussitôt, il retourna à M. de Lévis, le traita très mal et l'envoya aux arrêts. Il sentait pourtant si bien l'importance du poste qu'il se mît lui-même à la tête de la troupe que commandait Lévis, et la mena à destination. D'Hervilly était dans une telle colère contre Lévis qu'il voulait le soumettre à une cour martiale. Je déclarai que j'y déposerais par quel ordre le duc de Lévis avait marché, et je l'aurais certainement fait. M. d'Hervilly s'apaisa, mais M. de Puisaye ne me l'a jamais pardonné.

M. de Rotalier, commandant de l'artillerie, homme d'une grande valeur et excellent officier, mais froid, était très occupé des moyens de conserver et de rembarquer son régiment en cas que le malheur qu'il prévoyait, arrivât. M. de Puisaye disait qu'il n'avait pas de dévouement, et M. d'Hervilly qu'il n'avait pas d'activité. Ce dernier même, dans un accès de colère, le suspendit de ses fonctions. La marine anglaise était furieuse contre Rotalier. Elle nous prodiguait des canons de tout calibre, jugeant d'une forteresse d'après un vaisseau, fort en raison de ses bouches à feu, sans penser que la nuit l'artillerie est presque nulle et que le jour, si l'on est bien décidé à emporter une batterie, quelques canons de plus n'arrêtent pas. M. de Rotalier disait que les soldats manqueraient avant les canons, et il avait raison. Le jour, nous étions imprenables. Un siège en règle était impossible : la falaise était trop étroite pour disposer les boyaux de tranchées de façon à n'être pas enfilés, et, si l'on avait pu se mettre à l'abri des canons du fort, les chaloupes canonnières les auraient ruinés et pris à revers. Plus de précautions ne nous auraient pas défendu davantage : *l'ennemi était dans nos murs*. Les soldats, qui (je n'en fais aucun doute) auraient été bons avec des succès rapides et brillants, devenaient tous les jours plus mauvais. On m'en avertissait journellement, mais le mal était sans remède.

M. de Puisaye, qui voyait toujours en beau, voulut alors former des cadres de régiment de cavalerie, et m'en donna le commandement général. M. de Marconnay (1), ami intime de Tinténiac, me dit qu'il avait cinquante chevaux à sa disposition. Je lui en promis le commandement, quand il les aurait rassemblés. Nous avions de quoi en équiper

---

(1) Le comte de Marconnay épousa la fille du baron de Nantiat, agent diplomatique du comte de Provence, violemment attaqué par Puisaye dans ses mémoires (T. V.). M. de Marconnay resta en Angleterre jusqu'à la fin de l'émigration, et ne cessa d'adresser à l'*Emigrant office* des demandes d'augmentation de secours ou de secours extraordinaires. Son beau-père, M. de Nantiat, qui avait été le collaborateur de l'évêque de Saint-Pol-de-Léon pour l'organisation du comité de secours accordés aux émigrés, et qui avait rendu de réels services à ses compatriotes, avait obtenu, sur la recommandation du duc de Portland, une pension annuelle de quatre cents livres sterling et un secours additionnel de cinq shellings par jour pour chacun de ses enfants. (Record office, Treasury, chambers, *Emigrant office. Letter-Books.*)

quatre mille. M. d'Hervilly nous céda très loyalement des hommes qu'il avait engagés en leur promettant de les faire passer dans la cavalerie, dès que l'occasion s'en présenterait. L'on en prit dans les chouans et dans les autres régiments. M. de Marconnay fit plus qu'il n'avait promis, car il eut, tout de suite, soixante-trois hommes montés. Cette troupe reçut le nom de *Hussards de Warren*, pour témoigner au commodore notre attachement et notre reconnaissance.

Après la perte de Quiberon, Sir John Warren, désirant vivement faire quelque chose pour moi, et, croyant que d'Hervilly était mort, voulait demander son régiment pour moi. Je n'en voulus pas pour bien des raisons. Il me nomma alors colonel commandant de son régiment de hussards, et en demanda la permission à Monsieur, qui voulut bien y consentir. Marconnay fut nommé lieutenant-colonel, M. Le Gras, major, et on compléta deux compagnies en officiers.

Notre position dans la presqu'île devenait plus fâcheuse de jour en jour. Les patriotes étaient retranchés à Sainte-Barbe, et leur poste était excellent. Tout le monde murmurait. Fatigué de tous ces murmures, d'Hervilly proposa à M. de Puisaye une attaque générale pour le 16. Il s'agissait d'emporter les retranchements de Sainte-Barbe. Cette tentative était folle sous tous les rapports. Quand même nous eussions réussi, nous n'étions pas en état de marcher en avant, ni même de conserver le poste. Le moment de la terreur était passé pour nos ennemis, comme celui de la confiance l'était pour nos amis. Les patriotes avaient reçu des renforts, et nous étions, nous, affaiblis et découragés. Nous devions alors nous tenir sur la défensive, prévoir le cas où le fort serait forcé, et établir quelques pièces de position dans la presqu'île sous la protection desquelles il nous fût possible de nous rallier et d'attendre des secours. Si quelqu'un eut alors la sagesse de penser ainsi, personne ne s'aventura à le dire. M. de Puisaye ne le lui eut au reste jamais pardonné. Il voulait même renvoyer les bâtiments de transport, quand on signala une flotte arrivant d'Angleterre.

J'allai me promener sur la côte avec lui pour la reconnaître, et il n'en témoigna pas une grande satisfaction. C'était le 15, et l'attaque était résolue pour la nuit même. Nous étions à souper, quand Sombreuil arriva. Je fus ravi de le voir; nous avions déjà été trois semaines à Ostende ensemble (1), prêts à nous embarquer pour cette même expédition où nous nous trouvions. Sombreuil avait

---

(1) « Le 15, M. de Sombreuil descendit à terre et vint souper avec M. de Puisaye et M. de Contades. M. de Puisaye envoya annoncer l'arrivée de Sombreuil à M. d'Hervilly. La commission fut mal faite et M. d'Hervilly, croyant qu'on le demandait, se leva et arriva bientôt. Il accueillit froidement M. de Sombreuil, demanda pourquoi on l'avait fait lever et s'il y avait quelque chose de changé pour l'attaque de la nuit. M. de Puisaye lui fit dire qu'elle aurait toujours lieu. » (Ann. aux *Mémoires de Vauban*.)

parfaitement fait la guerre; il amenait avec lui les restes peu nombreux des régiments de Béon, Damas-Rohan, Salm et Périgord, qui ne faisaient pas plus de huit cents hommes, mais qui avaient d'excellents officiers et sur lesquels on pouvait compter. M. de Puisaye le reçut très bien, et envoya dire à d'Hervilly qu'il était arrivé. L'ordre fut mal rendu : d'Hervilly crut que le général le demandait et arriva assez mécontent. Je ne me rappelle pas si M. de Puisaye était couché ou non, mais je sais qu'il demanda ou lui fit demander si l'affaire aurait également lieu. Il fut répondu que oui (1). Je prêtai un cheval à Sombreuil, qui me le demanda pour être témoin de l'affaire.

(1) « J'étais de cette expédition qui devait partir d'Ostende. J'avais été nommé par M. le comte de Mercy, ainsi que mon frère Gizeux, Sombreuil, la Ville-Léon, et une quinzaine d'officiers. Vauban se persuada un beau matin que nous étions sous ses ordres, et il nous en fit part. Tout le monde se moqua de lui : c'est la seule chose que lui ait valu sa sotte prétention. » (Ann. aux *Mémoires de Vauban*.)

Je vais rendre le compte le plus détaillé et le plus exact de cette malheureuse affaire, qui nous coûta presque toute la marine française et qui fut une des causes principales de notre perte.

Le projet était d'attaquer les retranchements de Sainte-Barbe en face et de les faire tourner par M. de Vauban. (1) On le fit embarquer le soir avec quinze cents chouans et on lui donna un fort détachement de la garnison des vaisseaux. Vauban devait descendre vis-à-vis de Carnac. L'on était convenu de signaux de descente, de succès ou de

---

(1) D'après M. de Vauban, après avoir donné à M. de Saint-Pierre l'ordre de tout faire embarquer, il se serait rendu à bord de *la Pomone* près de l'amiral Warren et serait revenu au port d'Orange, à neuf heures et demie. Ne trouvant point les royalistes embarqués, il en aurait demandé le motif à M. de Saint-Pierre qui aurait répondu que les bateaux manquaient par la faute de M. de Balleroy, maréchal des logis. « M. de Saint-Pierre, dit M. de Contades, n'a jamais dû s'embarquer avec M. de Vauban ; il commandait des chouans sur la falaise à l'affaire du 16. M. de Balleroy n'a jamais été chargé de rien. » (Ann. aux *Mémoires de Vauban*.)

rembarquement. A une heure du matin, nous nous mîmes en marche, comme à l'ordinaire : Loyal-Emigrant faisait l'avant-garde en tirailleurs, Royal-Louis tenait la gauche du corps de bataille, du Dresnay, le centre, et la Marine, la droite, avec une colonne de chouans, commandée par le duc de Lévis. Suivaient plusieurs colonnes de chouans, commandées par le chevalier de Saint-Pierre.

Nous marchions dans une profonde obscurité, fort en ordre et dans le plus grand silence. D'Hervilly, à la tête de son régiment n'avait pas donné un ordre, n'avait pas prévu un seul cas, même celui où il serait tué. Nul ne savait ce qu'on ferait en général, ni ce qu'on ferait en particulier. Je parlai à d'Hervilly avant l'attaque, et je lui dis que je serais à la droite avec le régiment d'Hector. Il me répondit : « Fort bien » ; c'est tout ce que je pus en tirer. A peu près à l'heure convenue, nous vîmes les signaux de M. de Vauban (1), et nous entendîmes quelques coups de fusil. Il était sûr que la descente était faite, mais, pour tourner l'ennemi, il fallait du temps et emporter la batterie de Saint-Clément.

M. d'Hervilly a dit qu'il envoya à cette époque demander les ordres de M. de Pui-

(1) M. de Vauban prétend, dans ses mémoires, qu'il faisait jour quand il arriva à Carnac pour débarquer. Il est démenti en ces termes par M. de Contades : « Cela est faux. L'on était convenu de signaux de nuit pour avertir l'armée, qui était en marche, que M. de Vauban était descendu, afin de n'attaquer que dans ce cas seulement. Or les signaux ont été faits en vue de toute l'armée, ce qui n'eut pas été possible s'il eut fait jour. M. de Vauban est descendu, et s'est rembarqué sur le champ, sans faire les signaux convenus de rembarquement. C'est à cet oubli impardonnable que M. d'Hervilly a attribué tous les malheurs de l'affaire du 16. Il est sûr que si M. de Vauban, avec les deux cents Anglais qu'il commandait, se fut emparé de la batterie de Saint-Clément, qui n'était pas défendue, elle n'aurait pas détruit la marine et le régiment du Dresnay. » — « Sir John Waren disait hautement que les chouans avaient eu une terreur panique, qu'il n'y avait personne devant eux, et que les deux cents Anglais qu'il avait donnés à M. de Vauban eussent suffi pour s'emparer de la batterie de Saint-Clément, objet de sa mission, s'il eut voulu les y conduire. Il fallait au moins l'essayer. »

saye qui lui donna celui de continuer l'attaque. Je n'étais pas avec lui : ainsi, je ne peux l'assurer. Quoiqu'il en soit, au point du jour nous avions repoussé tous les avant-postes, et nous étions maîtres du camp en avant des retranchements. Si l'on eut alors présenté le combat aux républicains (qui ne l'auraient sûrement pas accepté), si enfin l'on fût rentré dans le fort en manœuvrant, l'avantage de la journée eut été pour nous. Nos colonnes s'approchaient toujours des retranchements ; celle de la gauche, composée de Royal-Louis et de du Dresnay, était en avant ; celle de droite, composée du régiment d'Hector et de chouans, s'était un peu écartée à droite. Le chevalier de l'Éguille (1), qui faisait les fonctions de major du régiment d'Hector,

---

(1) M. de Vauban dit que ce fut M. de Froger. M. de Froger et M. de l'Éguille sont la même personne : Louis de Froger, dit le chevalier de l'Éguille, capitaine de vaisseau, aide-major dans Hector, né à Rochefort, le 15 août 1750, exécuté à Vannes le 2 août 1795.

alla demander des ordres à M. d'Hervilly, car il n'avait pas l'idée de ce qu'il devait faire ni où il devait aller. Il lui répondit brutalement qu'il allait « emporter les retranchements avec son régiment seul, que le régiment d'Hector arriverait après, mais qu'il s'en repentirait. »

Ce brave homme revint à son corps, le cœur navré. Il me confia le propos de M. d'Hervilly, et malheureusement il le transmit à ses camarades, sur qui il fit l'effet qu'on devait en attendre.

« Que faire ? » me dit-il. J'étais bien loin de vouloir prendre quelque chose sur moi. Et pourtant, ce que sensément, militairement, il fallait faire était évident, et la plus légère notion de tactique suffisait pour le sentir. D'Hervilly attaquait par la gauche, et déjà les coups de fusil de Loyal-Emigrant portaient dans les retranchements. Si la colonne de droite avait continué à marcher, elle pouvait, en se jetant encore à droite, tourner les batteries en longeant la mer qui était basse et les prendre à revers, au lieu de passer sous leur feu pour regagner la gauche. Mais tous les camarades de l'Éguille lui répétaient : « Marchons au plus dangereux et par le plus court. » En conséquence, n'écoutant que sa valeur et celle de ses camarades, il fit battre la charge et descendit dans le vallon, dominé par trois batteries à demi-portée de mitraille. Le duc de Lévis me proposa de faire passer la colonne de chouans à droite de la marine, pour marquer, disait-il, deux têtes de colonne. Les meilleures troupes n'y auraient pas tenu. Les chouans étaient déjà très refroidis, et beaucoup proposaient d'en rester là. Je me mis à leur tête en leur disant que les bleus étaient en déroute, et en criant de toutes mes forces : « En avant! vive le roi! forçons dessus, ils fuient! » Dans l'instant, ils se précipitèrent dans le vallon, et l'on aurait juré que rien ne pouvait plus arrêter leur courage.

A peine avions-nous fait cent pas, que les batteries commencèrent un feu de mitraille épouvantable. La colonne du duc de Lévis prit une telle déroute qu'au bon galop de son cheval, il ne pouvait la suivre. Quelques chouans se rallièrent derrière le premier ravin, mais le plus grand nombre ne s'arrêta qu'au fort. M. de Lévis fut obligé de les abandonner, et il revint au combat, où son cheval fut tué par un boulet qui l'atteignit au pied, et lui emporta le talon de sa botte (1).

L'intrépidité de la marine faisait un furieux contraste avec la faiblesse des chouans. Ses

---

(1) D'après M. de Vauban, ce fut le boulet qui blessa M. de Lévis qui mit le désordre dans la colonne de chouans. M. de Contades, dans ses annotations, contredit cette assertion :

« Quand M. de Lévis fut blessé, il y avait plus d'une demi-heure qu'il n'était plus question de chouans. Après avoir inutilement cherché à les rallier, il était retourné au combat avec M. de Contades. Il venait de rejoindre le régiment de la marine, quand un boulet l'atteignit au pied. »

braves officiers ne cessaient point d'encourager leurs soldats sous le feu le plus terrible, et ils les avaient tellement électrisés, que, presque entièrement détruits, ils ne laissaient en arrière que les morts et les blessés. Le chevalier de la Laurencie, les deux cuisses emportées par un boulet, d'une main donnait sa bourse à ses grenadiers et, de l'autre, en rendant le dernier soupir, leur montrait le chemin du devoir et de l'honneur (1). On entendait les officiers crier de toutes leurs forces : « En avant, soldats ! Nous en avons vu bien d'autres ; ce n'est rien que cela ! Marchons et montons les premiers sur les retranchements ! » Le feu était terrible, et la mitraille faisait, sur le terrain sablonneux, l'effet d'une pluie d'orage après une longue sécheresse.

---

(1) François de la Laurencie, commandeur de l'ordre de Malte, chef de division des armées navales, né au château de Villeneuve - la - Comtesse (Charente-Inférieure), le 15 août 1735. (La Gournerie, *Débris de Quiberon*.)

Je me portai ventre à terre à l'endroit où j'espérais trouver d'Hervilly, pour savoir quel parti il voulait prendre. Je trouvai Sombreuil, qui me dit que le général était blessé à mort (1), et qu'il avait, avant de mourir, ordonné la retraite. Il en avait chargé Royal-Louis qui avait peu souffert. Il restait à ce régiment ses chefs et surtout un homme plus capable que personne de commander en chef, M. de Boissieux (2), qui, dans ce moment critique, déploya ses talents et son courage. Il était capitaine de grenadiers de Royal-Louis; il fit mettre sa compagnie en bataille et protégea la retraite. Cette compagnie faisait très-

(1) « Une très grosse balle de fer lui avait traversé le côté. Le premier chirurgien de l'armée m'a dit que la blessure n'était pas mortelle en elle-même, mais qu'elle fut d'abord mal pansée. » (Annot. aux *Mémoires de Vauban.*)

(2) « M. de Boissieux, major du régiment d'Austrasie, avait fait parfaitement la guerre dans les Indes Orientales. Capitaine de grenadiers au régiment de Royal-Louis, il avait, au début de la campagne, offert de commander l'avant-garde sous M. de Contades, qui eut été enchanté d'avoir un aussi bon maître dans l'art de la guerre. » —

bonne contenance, mais M. de Boissieux ne trouvait cependant plus ces grenadiers d'Austrasie qu'il avait commandés dans l'Inde. Il avait un coup de fusil dans le bras, dont il est mort. Ses grenadiers l'en firent apercevoir: « Ce n'est pas là, leur dit-il d'une voix terrible, c'est là que je suis blessé (en leur montrant son cœur), parce que vous n'êtes pas ce que des grenadiers français doivent être. — Nous ne vous abandonnerons jamais, s'écrièrent les grenadiers. — Pardieu! je le crois bien; je voudrais bien vous voir fuir quand je suis à votre tête! » Ce brave homme répétait sans cesse, en parlant de M. d'Hervilly : « Non, je ne voudrais pas en

« On ne saurait donner trop d'éloges à M. de Boissieux. Il avait un coup de fusil dans le bras, dont il est mort. Ses grenadiers le lui firent remarquer. « Ce n'est pas vrai, disait-il, c'est là, » et il leur montrait son cœur. Il détestait M. d'Hervilly, et, dans la retraite, il répétait sans cesse : « Je ne voudrais pas en faire un caporal ! » Quand M. d'Hervilly vit l'affaire perdue, il répondit à tous ceux qui lui demandaient des ordres : « Laissez-moi, je cherche un boulet. » (Ann. aux *Mémoires de Vauban*.)

faire un caporal ! » Quand d'Hervilly vit en effet l'affaire à peu près perdue, il ne répondit plus à tous ceux qui lui demandaient des ordres que : « Laissez-moi, je cherche un boulet, » propos que l'on passerait à peine au désespoir d'un grenadier, et inexcusable dans la bouche d'un général, dont il dépeint bien le caractère et la tête.

M. de Boissieux, toujours le dernier, protégea la retraite de l'armée absolument en déroute. Loyal-Émigrant et une quantité d'officiers s'y rallièrent. Quelques chasseurs à cheval vinrent sabrer jusque dans nos rangs. Ils étaient ivres, et, presque tous, payèrent de leur vie leur témérité. Les officiers ramassaient des fusils chargés, éparpillés sur la falaise, et les tiraient à bout portant.

L'armée républicaine, sortie de ses retranchements, nous poursuivait de très près au pas de charge. L'on entendait distinctement les officiers animer leurs soldats. Sombreuil vint me dire qu'il ne doutait pas qu'ils n'entrassent dans le port pêle-mêle avec nous. J'étais là-dessus fort tranquille, ayant envoyé dire à M. de Folmont de faire tirer les batteries, dès que l'ennemi serait à portée. Elles étaient en bon état et bien approvisionnées. De plus Sir John s'avançait avec M. de Vaugiraud, le long de la falaise, avec des chaloupes à rames et des cannonnières, et les républicains n'étaient pas assez forts pour s'exposer à ces deux feux.

Dès que les ennemis furent à portée, une des pièces de 32 du fort tira, et le boulet porta droit au milieu d'eux. Plus sages que nous, ils se replièrent sur le champ. L'intérieur du fort faisait horreur ; il était rempli de blessés et de mourants. Le reste des troupes avait la consternation peinte sur la figure. M. de Puisaye était rentré chez lui, après avoir été voir d'Hervilly, et s'occupait fort peu du reste. Soit politique, soit insouciance, il faisait entendre que cette affaire, ne le regardait en aucune manière. Il ne s'en était réellement pas beaucoup mêlé, et n'alla pas voir un blessé, craignant d'en recevoir quelque mauvais compliment. Jusque là, il était peu aimé ; depuis lors, il fut détesté.

Le lendemain, il donna un ordre parfaitement écrit, dans lequel il fit MM. de Rotalier et Langlois maréchaux de camp ; il donna quelques croix de Saint-Louis, distribua quelques médailles aux soldats qui s'étaient distingués, et leur en accorda l'argent, en attendant qu'ils pussent les avoir. Il y en avait de deux louis jusqu'à six.

D'Hervilly, blessé à mort, n'en conservait pas moins la volonté de ne céder son commandement à personne, et assurait que, dans quatre jours, il serait en état de monter à cheval. Il dicta une grande lettre à M. de Puisaye, dans laquelle, sans se plaindre positivement de personne, il disait qu'il avait été mal secondé, et finissait par demander que M. de Vauban rendît compte de sa conduite par écrit (1). Il est sûr que M. de Vauban, d'après le rapport de ceux qui étaient avec lui, n'a pas même tenté d'attaquer l'ennemi. Quelques coups de fusil tirés de fort loin l'ont fait rembarquer en grande hâte et sans nous avoir fait aucun des signaux convenus de rembarquement. Il faudrait savoir, pour le juger, si la manœuvre dont il était chargé était exécutable. Ce qu'il y a de sûr, c'est que les Anglais ne lui ont jamais pardonné de n'avoir pas eu plus de confiance en 250 de leurs soldats de marine, qu'ils lui avaient donné pour marcher à la tête de sa colonne et qu'ils lui assuraient

(1) « Dès que la blessure de M. d'Hervilly fut pansée, il écrivit à M. de Puisaye pour demander que M. de Vauban eut à rendre compte de sa conduite. M. de Puisaye, qui n'aimait pas à prendre une détermination positive, chargea M. de Contades de répondre à M. d'Hervilly. Il l'engagea à remettre jusqu'à sa convalescence, et surtout à des temps plus tranquilles, le jugement de cette affaire. Au reste, il n'y avait dans toute l'armée qu'un cri contre M. de Vauban. » (Ann. aux *Mémoires de Vauban.*)

devoir tout renverser (1). J'étais tellement impatienté de leurs fanfaronnades qu'en embarquant Vauban, je lui recommandai de se mettre à la tête des Anglais et de ne pas les ménager. Il me répondit : « Laissez-moi faire. » Il est certain que cette troupe, que les Anglais appellent *mariners* est composée d'excellents soldats, mais il paraît que Vauban — dont je n'accuse certes pas le courage, — perdit la tête, quand il vit les chouans ne songer qu'à fuir au premier coup de fusil.

Le général fut très embarassé de la lettre de M. d'Hervilly. Il me la donna pour y répondre, ne voulant pas se compromettre, et ne voulut même pas que je répondisse en son nom. Il fallut entortiller la réponse de façon

(1) « J'ai vu de mes yeux des officiers anglais pleurer sur les malheurs qu'a entraînés la malheureuse affaire du 16, entre autres l'amiral Warren, le capitaine Keats, le capitaine Nagle. Aucun de ces braves officiers n'a voulu voir M. de Vauban depuis. Soit justice, soit fanfaronnade, ils ne lui ont jamais pardonné de n'avoir pas tiré un coup de fusil avec les *mariners*, l'élite de leurs troupes. » (Annot. aux *Mémoires de Vauban*.)

à ne dire ni oui ni non, et remettre à une convalescence, sur laquelle personne ne comptait, l'explication de ce qui s'était passé. Cette réponse ne satisfit point M. de Puisaye, qui s'en plaignit à ses aides de camp de confiance.

Sombreuil était fort triste, voyant que les choses étaient bien loin d'être au point, où on les lui avait annoncées. Il s'occupa à faire descendre sa division et demanda deux jours de repos pour elle. Malheureusement on la cantonna au fond de la presqu'île, dans les anciens cantonnements de Royal-Louis, hors d'état d'être utile dans le cas d'une surprise.

Le gouvernement anglais nous annonçait des renforts très prochains en tout genre. Il était possible, en se tenant bien sur la défensive, de leur donner le temps d'arriver, mais il aurait fallu pour cela des troupes d'une fidélité à toute épreuve, et l'affaire du 16 était très capable d'ébranler celle qui n'aurait pas été bien affermie. Les soldats de Royal-Louis commencèrent à déserter toutes les nuits par bandes de trente à quarante. Dès lors, il n'y eut plus d'espoir, et nous n'avions qu'à nous rembarquer au plus vite. Les officiers, cependant, cachaient la désertion, et convenaient à peine qu'il y en eût. J'avais toujours été d'avis d'essayer une conférence avec les généraux républicains, et, si l'on avait pris ce parti dès le commencement, peut-être s'en serait-on bien trouvé; cependant, je voulus l'essayer, et, le 19, après dîner, je montai à cheval avec quelques officiers, bien décidé à avoir une conférence (1).

(1) M. de Vauban, écrit, dans ses *Mémoires* : « Le 18, M. le comte de Puisaye, M. le marquis de Contades et moi, escortés d'un petit détachement, sortîmes des forts pour aller faire un tour sur la falaise. Nous vîmes de loin un officier général républicain, qui en faisait autant avec une troupe pareille. Peu à peu nous nous approchâmes. Lorsque nous fûmes à peu près à la distance de deux cents pas, le républicain nous fit signe, avec un mouchoir blanc qu'il mit à son épée, qu'il désirait nous parler. M. le marquis de Contades et moi, nous partîmes en avant. Lorsque nous fûmes assez près pour nous

Quand les avant postes ennemis nous aperçurent, ils prirent les armes. Quelques chasseurs à cheval s'avancèrent ; d'autres à pied nous tirèrent quelques coups de carabine. Je mis mon mouchoir à la poignée de mon sabre, et je m'avançai seul vers l'officier qui était le plus à portée. Il vint à moi en

entendre, nous convînmes de faire retirer l'escorte et de ne garder qu'un officier. Je restai avec M. le marquis de Contades. Le général Humbert, qui nous demanda nos noms et qui se nomma, resta avec un capitaine de dragons, appelé Le Breton. La conversation s'engagea entre lui et M. le marquis de Contades. Je ne parlais pas, mais j'écoutais avec beaucoup d'attention : il nous dit, etc. »

Dans son exemplaire des *Mémoires* de M. de Vauban, le comte de Contades annote ce passage de la façon suivante :

« Ceci a besoin d'une grande explication. D'abord, M. de Vauban, qui rend compte de cet évènement, n'y était pas. M. de Contades partit avec MM. de Marconnay et Pélissier, hussards de Warren, bien décidé à parler aux généraux ennemis, pourvu qu'ils en eussent envie. Dès qu'il vit un officier seul, il laissa ses compagnons et marcha droit à lui, ayant attaché son mouchoir à la poignée de son sabre. Cet officier se trouva être de la petite ville de Doué en Anjou, capitaine de chasseurs, et connaissant parfaitement bien M. de Contades. Il l'appela par son nom et causa pendant quelque temps avec lui. Alors seulement, le général Humbert s'approcha. Le

serpentant comme quelqu'un qui craint une embuscade. Je l'appelai, en lui disant de ne rien craindre, et je marchai droit à lui. Il vint alors jusqu'à dix pas. Le premier mot qu'il me dit fut : « Pourquoi venez vous déchirer le sein de votre patrie ? — Nous ne venons pas

capitaine Le Breton le fit observer à M. de Contades, en lui disant de faire approcher un second, s'il craignait quelque chose, mais qu'il donnait sa parole d'honneur qu'il ne lui serait rien fait. M. de Contades répondit qu'il ne craignait rien, et la conversation s'engagea. »

M. de Puisaye, dans ses *Mémoires* (t. VI, p. 451), affirme, comme M. de Contades, que M. de Vauban n'assistait pas à l'entrevue et s'en autorise pour mettre en doute l'authenticité générale de ses mémoires. « La relation que fait de cette affaire l'écrit qu'on attribue au comte de Vauban, est une des preuves sur lesquelles se fonde ma conviction qu'il n'en est pas l'auteur. Car il est dit, dans cette relation, que M. de Vauban était avec M. de Contades, et *cela n'est pas vrai.* »

Enfin nous empruntons au journal de M. le marquis de Beaupoil-Sainte-Aulaire, adjudant général attaché à l'état major de M. de Puisaye, journal que nous croyons inédit, une dernière relation de l'entrevue de M. de Contades et des officiers républicains :

« Le 18, M. de Contades sortit, suivi d'un petit détachement, pour découvrir la falaise. Il y vit un officier général républicain, qui en faisait autant avec une troupe pareille. Ils s'approchèrent, et, à une distance de deux cents pas, le

la déchirer, lui répondis-je, nous venons au contraire apporter des remèdes à ses maux. — Et que voulez-vous ? — La religion de nos pères et la monarchie. — Pensez-vous faire ce que n'ont pu douze cent mille baïonnettes ? — Oui, parce que l'opinion est

républicain lui fit signe avec un mouchoir blanc à son épée qu'il voulait lui parler. Ils s'approchèrent encore, et, quand ils purent s'entendre, ils convinrent de faire retirer leurs troupes et de ne garder qu'un officier. C'était le général Humbert et un capitaine de dragons, appelé Le Breton. Le général républicain dit au nôtre : « Pourquoi êtes-vous venu déchirer votre patrie ? — Nous venons, lui répondit M. de Contades, rétablir le culte de nos pères, relever le trône de notre légitime souverain, rentrer dans nos héritages et rappeler la paix et la prospérité dans notre patrie. Ce n'est pas là vouloir la déchirer. — Mais, mon Dieu ! pourquoi nous battons-nous ? — Avec des motifs de cette espèce, si nous ne nous battions pas, que penseriez vous de nous ? — Cela est très malheureux. Ecrivez à Tallien. — S'il ne fallait qu'écrire à Tallien pour rétablir la justice et la paix en France, nous écririons à Tallien. — Écrivez-lui, vous dis-je encore une fois ; pourquoi nous battons-nous ? — Le Roi, Monsieur, nos princes n'apportent dans cette grande querelle aucune passion de haine et de vengeance. Si votre Tallien et la majeure partie de ses confrères pouvaient avoir des sentiments aussi purs, nous cesserions bientôt de nous battre. — Nous avons trouvé M. le

aujourd'hui pour nous et vous savez ce qu'elle peut en France. Une preuve que nous ne venons pas déchirer le sein de notre patrie, c'est que nous avons sur les vaisseaux que vous voyez dix-sept millions en argent, des munitions, des provisions de toute espèce,

comte de Talhouët, lieutenant colonel de du Dresnay, blessé sur le champ de bataille ; nous en avons eu le plus grand soin, ainsi que de tous les autres blessés et prisonniers. Ils étaient hier généralement regrettés de notre armée. Nous savons que vous avez eu les procédés les plus généreux pour les prisonniers que vous nous avez faits, vous pouvez compter sur les représailles. Combien avez-vous perdu d'officiers de la marine avant-hier ? — Cinq. — C'est une grande perte pour la France. Tendons-nous la main. J'y consens ». Son capitaine de dragons poussa son cheval avec empressement, en présentant la main à M. de Contades. « Non, arrêtez, il n'est pas encore temps. Écrivez à Tallien. Pourquoi nous battons-nous ? Écrivez à Tallien ! Nous nous reverrons. » Et ils se séparèrent très poliment.

« Nous ne savions point encore que ces vils ennemis avaient massacré de sang-froid tous ceux de nos officiers qu'ils avaient faits prisonniers, ou qu'ils avaient trouvés sur le champ de bataille, et ce M. Humbert s'affligeait de la perte de nos officiers de la marine, et il larmoyait en parlant à M. de Contades de nos discordes ! » (Papiers de Puisaye, vol. CVIII. *Reports and narratives relative to Quiberon.*)

dont nous vous voyons manquer à regret. Réunissez vous à nous, et nous les partagerons avec vous. — Ah ! Monsieur, me dit-il, si tout le monde pensait comme moi !...... Nous ne sommes pas faits pour nous battre. Il y a un représentant du peuple, Tallien; écrivez-lui, arrangeons nous. Voilà, ajouta-t-il, le général Humbert qui s'approche. Si vous craignez quelque chose, faites avancer un second, mais je vous donne ma parole d'honneur, que vous n'avez rien à craindre. — Craindre, lui dis-je ; quand un Français atteste l'honneur, c'est qu'il le connaît encore. Faites avancer le peloton qui vous suit et, sur la même garantie, je le verrai avec la même tranquillité. »

Le général Humbert me dit absolument les mêmes choses que le capitaine Le Breton. Il me parla avec intérêt des pertes du 16, regrettant surtout celle de M. de Talhouët. « Vous avez perdu, me dit-il, quelques officiers de la marine. — Quatre ou cinq, lui dis-je. —

Quelle perte ! » Je lui demandai s'il était vrai qu'on eut massacré nos prisonniers ; il me répondit qu'il croyait pouvoir assurer le contraire. La conversation continua sur le même ton. Il me parlait avec assez de confiance et beaucoup d'intérêt de notre argent, quand M. de Vauban s'avança, et m'appela de la part du général. Je le conjurai de me laisser seul et de s'en aller. Il insista en me disant : *Pour affaires de service.* J'étais furieux parce que je me doutais qu'on me rappelait pour quelque chose qui n'en valait pas la peine. Je proposai à M. Le Breton de me donner la main. Il y avait consenti et s'avançait, quand Humbert lui dit : « Non, pas aujourd'hui, j'espère que ce sera un jour. » Je m'en allais, quand Le Breton me rappela, et me dit à mi-voix : « Si vous êtes pris, rappelez-vous du capitaine Le Breton, il vous sera peut-être utile (1). » Il était de Doué, frère du curé de

(1) « Le capitaine Le Breton voulait toucher dans la main de M. de Contades pour lui dire ce qu'il lui dit

Saint-Maurice actuel, et me connaissait très bien (1).

M. de Puisaye m'avait envoyé chercher pour proposer de parler lui-même, si on le

réellement : « Si vous êtes pris, rappelez-vous du capitaine Le Breton, il pourra vous être utile. » (Annot. aux *Mémoires de Vauban*.) »

(1) Une communication due à l'obligeance de M. Célestin Port, archiviste du département de Maine-et-Loire, nous apprend que le frère du capitaine de dragons, le curé de Saint-Maurice d'Angers, ne s'appelait pas Le Breton mais bien Breton (Louis-Jacques). Il était né non pas à Doué-la-Fontaine, mais à Soulangé, paroisse voisine de cette petite ville. C'est de Soulangé sans doute que son frère était aussi originaire. Le beau-père de M. de Contades, M. de Villiers, possédait, près de Doué, le château de Launay. Le capitaine Breton et M. de Contades étaient donc non seulement compatriotes, mais pour ainsi dire voisins. L'abbé Breton, le frère du capitaine, avait été transporté à Santander en 1792. Employé d'abord comme infirmier par l'évêque d'Orense, il fut attaché, en qualité de précepteur, aux enfants du vice-roi de la Corogne. (V. M. Célestin Port. *Dictionnaire de Maine-et-Loire*, t. I, p. 489.) L'on ne saurait donc être surpris que le capitaine Breton ait éprouvé pour les émigrés des sentiments de compassion et presque de sympathie, peu communs chez les autres officiers de l'armée républicaine. Nous ignorons ce qu'il est devenu et nous ne saurions dire si M. de Contades put un jour serrer la main qui lui avait été tendue sur la falaise de Quiberon.

désirait, ce qu'il eut parfaitement bien pu me faire dire sans me rappeler. Je lui proposai d'aller parler à Tallien, et il ne le voulut pas. Je suis persuadé qu'en arrivant surtout, on aurait tout obtenu de nos ennemis avec de l'argent. Nous n'avions pas dix-sept millions, mais nous avions beaucoup, et, de ce côté, M. de Puisaye avait carte blanche.

On m'a su très mauvais gré de cette conférence ; on m'a fait dire ce à quoi je n'ai jamais songé, que nous avions nos millions *dans le fort*, ce qui aurait excité les patriotes à nous surprendre (1). M. de Vauban, en revenant, me tint d'assez mauvais propos, me reprocha d'agir sans l'ordre de M. de Puisaye et d'après ma tête seule. La colère me prit ; je descendis de cheval, en lui disant :

---

(1) « M. de Contades n'a jamais dit ni pu dire qu'il y avait beaucoup de vivres et d'argent *dans les forts*, puisque tout cela était à bord. M. de Vauban accorde trop de bonhommie à M. de Contades ». (Ann. aux *Mémoires de Vauban*.)

« Le lieu est trop petit et les circonstances sont trop graves pour que deux généraux s'en veuillent. Battons-nous sur le champ ou embrassons-nous. » Après un instant d'hésitation, il m'embrassa avec assez de cordialité, et il n'y a plus paru (1).

Sombreuil, à qui je rendis ma conversation, me dit : « Ils sont bien changés, » et eut en-

(1) « Voici ce qui amena notre altercation. M. de Puisaye, ayant vu de loin sur la falaise que M. de Contades parlementait avec les généraux ennemis, envoya M. de Vauban lui dire que, si on voulait, il viendrait lui-même. M. de Contades, croyant que M. de Vauban venait de son chef, le reçut très mal, quoiqu'il lui criât de loin : *Affaire de service !* L'arrivée de M. de Vauban termina la conversation avec les généraux. En s'en allant, M. de Vauban témoigna beaucoup d'aigreur à M. de Contades, et, en arrivant, il vint tenir la bride et l'étrier de son cheval, en lui disant que la manière dont il l'avait traité le réduisait à l'état de palefrenier, mais qu'il le retrouverait. M. de Contades le prit par le bras, et lui dit : « Monsieur, dans la position où nous sommes, il est impossible que deux chefs s'en veuillent. Ou vous allez m'embrasser en me jurant sur votre honneur que tout ce qui s'est passé entre nous est oublié, ou vous allez sur le champ vous battre avec moi. » Bois-Berthelot, qui se trouva là, l'engagea à prendre le premier parti, et il y consentit. » (Annot. aux *Mémoires de Vauban.*)

vie de leur parler aussi. Je lui proposai de dîner le lendemain avec moi, et, en sortant de table, nous nous mîmes en marche. Je pris une petite escorte, et, la laissant à quelque distance, je m'avançai seul. M. Le Breton parut, suivi de deux chasseurs à pied. Il caracola dans la plaine, et, si j'avais mis mon mouchoir à mon sabre, peut-être serait-il venu. Ayant fait les premières avances la veille, je les attendais de lui ce jour-là. Il était sans doute moins bien disposé en ma faveur, car ses deux chasseurs me tirèrent et me manquèrent de très peu. Je fis ma retraite. Sombreuil fit beaucoup de signes de son côté avec son chapeau, mais les républicains ne s'y rendirent pas.

La nuit se disposait à être affreuse. En rentrant dans le fort, je recommandai la plus grande surveillance. Tout le monde était à son poste et tout fort en ordre. Loyal-Émigrant était de garde en avant du fort; le marquis de Graves commandait le bataillon de

Royal-Louis de garde dans le fort. Sombreuil revint souper chez M. de Puisaye. Le général paraissait tranquille. A onze heures, je me retirai, et ils restèrent à causer tous les deux jusqu'à une heure. Je couchais dans un cabinet, à côté de la chambre de M. de Puisaye. Il me parla en rentrant, et me dit qu'il était enchanté de Sombreuil, qui ne lui avait sans doute point montré la moindre ambition, car il se serait sans retour perdu dans son esprit.

Il était à peu près une heure et demie, quand j'entendis un coup de canon. Je me levai sans inquiétude, car très souvent nous avions une alerte au point du jour. Ce coup fut suivi d'un second; le signal d'alarme était de trois coups, mais ils ne furent pas tirés. De ma fenêtre, je vis le feu de la mousqueterie. Je demandai un cheval en grande hâte. M. de Puisaye se mit dans une colère terrible, et me dit que, si je comptais l'éveiller toute les nuits, j'irais coucher où je voudrais.

Je croyais la chose si pressée, que je ne lui répondis seulement pas : je montai à cheval et je me rendis à toute bride au fort. Les tambours battaient la générale ; je rencontrai une patrouille des hussards de Warren, qui avait passé la nuit sur la falaise et qui me dit que l'ennemi était aux palissades. J'entrai dans le fort, où je trouvai le plus grand désordre ; je ranimai les soldats et je les replaçai à leurs postes. Je voulus monter dans le fort supérieur, mais la porte en était fermée (1).

Le feu de nos troupes avait recommencé ; nous en recevions peu du dehors, rien ne paraissait désespéré, quand je vis partir du fort supérieur une fusillade épouvantable, qui nous éclairait sans que nous pussions distinguer de quel côté elle était dirigée. Je voyais tomber beaucoup de monde autour

(1) « M. de Contades, qui couchait dans le cabinet de M. de Puisaye, l'éveilla aux premiers coups de fusil, se rendit au fort avant le jour et y resta jusqu'au moment où les ennemis y entrèrent ». (Annot. aux *Mémoires de Vauban*.)

de moi, sans savoir d'où portaient les coups, quand une voix s'écria : « Nous sommes assassinés du fort supérieur. » En même temps, tout le monde se précipita à la porte du fort. Il y eut là un désordre horrible, tout le monde voulant sortir à la fois. Je ralliai les troupes et les mis en bataille au pied du glacis. J'envoyai M. de Balleroy dire à M. de Sombreuil d'arriver en toute diligence avec sa division, que le fort était pris, mais que, mal fortifié du côté de la presqu'île, on pourrait le reprendre avec de bonnes troupes.

D'après tous les rapports, il lui a dit le contraire, et je le connaissais assez pour m'en douter. M. de Bellou, que je lui envoyai, a bien rendu l'ordre, et, s'il n'a pas marché, c'est par la raison que je dirai tout-à-l'heure,

M. de Puisaye s'était enfin levé, et avait pris le chemin opposé à celui du fort. Chemin faisant, il avait rencontré Sombreuil, qui lui avait demandé ses ordres, et il lui avait dit de prendre la position du moulin dont je lui avais parlé souvent, assurément excellente pour protéger le rembarquement, mais qui devait être la dernière ressource (1).

Sombreuil s'y rendit sur le champ et la garda. Puisaye se rendit tout droit à bord de *la Pomone*. Il m'a dit depuis que M. de Balleroy lui avait dit, de ma part, de se sauver, que tout était perdu, conseil prudent, qui fait l'éloge de mon attachement à sa personne, mais que j'étais aussi loin de lui donner qu'il aurait dû l'être de le suivre. Il ne m'a jamais pardonné d'avoir nié de lui avoir donné ce conseil.

J'étais toujours au pied du glacis avec le

---

(1) « En *sauvant sa correspondance*, M. de Puisaye rencontra M. de Sombreuil qui lui demanda des ordres. Il lui dit de prendre la position du moulin qui était en ce cas la dernière de toutes. Sombreuil, en militaire soumis, obéit sans représentations, et ne se rendit point aux instances réitérées de M. de Contades, qui a tenu assez longtemps dans le fort pour lui donner le temps d'arriver ». (Annot. aux *Mémoires de Vauban*.)

bataillon du régiment Royal-Louis, commandé par le baron de Damas, qui venait d'arriver, et les troupes sorties du fort avec moi. Les républicains ne nous tiraient pas un coup de fusil. Je voulus envoyer des tirailleurs en avant. Personne n'avait de cartouches (1), la consternation était peinte sur tous les visages. Après avoir pris possession du fort, après avoir donné le temps aux colonnes d'arriver, les républicains se décidèrent à entrer dans la presqu'île et à nous poursuivre. Très inférieurs en nombre et sans cartouches, nous dûmes nous retirer. Je pris une seconde position, espérant toujours voir arriver Sombreuil (2). Il était alors trop tard,

---

(1) « M. le comte de Contades, qui ignorait encore que les républicains fussent maîtres du parc d'artillerie, rassemblait pêle-mêle tout ce qu'il trouvait pour y aller chercher des cartouches, mais il trouva l'ennemi sur sa route à la position d'un moulin ». (*Journal du marquis de Beaupoil-Sainte-Aulaire.*)

(2) « M. de Puisaye, malgré sa malveillance habituelle, est obligé, dans ses mémoires, de rendre hommage, à

il n'y avait plus de remède; tout le monde ne songeait plus qu'à fuir ou à passer à l'ennemi. Des compagnies entières couraient au-devant de lui, la crosse en avant. Je rencontrai M. de Vauban avec une division de chouans qu'il contenait de son mieux, mais qui lui échappèrent dès qu'ils virent les colonnes républicaines. Nous approchions de la position de

deux reprises différentes, à l'attitude de M. de Contades, après la prise du fort Penthièvre.

« Le commandant m'apprit que M. de Sombreuil était à l'autre extrémité de ce village, je l'y joignis ; je lui fis part de l'état des choses, de la mission dont j'avais chargé Rohu pour Sir John Warren, et je lui fis prendre position à quelque distance, sur une hauteur où est situé un moulin. Cette position me parut être la plus avantageuse, en ce qu'elle offrait un point de jonction aux troupes qui étaient cantonnées en arrière, à l'extrémité de la presqu'île, en même temps qu'un point de retraite à celles qui étaient sous les ordres des généraux Vauban, Bois-Berthelot et Contades. Celles-ci se retiraient avec tant de mesure, qu'il s'écoula plus d'une heure avant qu'elles fussent repliées sur M. de Sombreuil. » (T. VI, p. 517.)

« Il est faux que le rembarquement fut rendu impossible par la proximité de l'ennemi. Car MM. de Vauban, de Bois-Berthelot, de Contades et d'Haize firent très lentement leur retraite devant Humbert. » (*Ibid*, p. 575.)

M. de Sombreuil, quand M. de Pécholier (1), sous-aide-major de Royal-Louis, vint à moi avec l'air égaré, et me proposa de capituler. « Et avec qui, lui dis-je ? — Je vais parler, répondit-il. » Effectivement, il se porta en avant et revînt un quart d'heure après, faisant signe de ne pas tirer. Il me dit que l'on consentait à capituler, mais que la première condition était que personne ne s'embarquât. Le piège était grossier, mais, dans la position où nous étions, il fallait gagner du temps. Loin de voir préparer des moyens de rembarquement, je ne voyais que quatre ou cinq canots s'avancer vers la côte. Je feignis de consentir à capituler. M. de Pécholier me dit assez brusquement que je le sacrifiais, en le laissant aller seul. Je lui dis d'aller devant et que je le suivrais.

Je m'avançai avec MM. de Bellou et de

(1) Antoine de Pécholier, sous-aide-major dans Royal-Louis, âgé de trente-huit ans, fut exécuté le 3 août 1795. (La Gournerie, *Débris de Quiberon*.)

Goyon jusqu'au village du Petit-Rohu. J'appelai quelques chasseurs à pied, en leur montrant mon mouchoir, et en leur disant que j'attendais le retour d'un officier que j'avais envoyé parler au général. « Il faut d'abord se rendre, » me répondirent-ils, en se jetant sur moi pour saisir la bride de mon cheval. Je donnai un coup de sabre au premier qui s'avança, et je m'éloignai aussitôt (1). Ils me tirèrent dans le chemin et blessèrent le cheval du petit de Goyon. A mon retour, je ne trouvai plus personne ; tout le monde avait fui, ou passé à l'ennemi. Chaque moment augmentait le danger de notre position. Les répu-

(1) « Après l'une de ces charges, un sous-aide-major du régiment d'Hervilly vint dire à M. de Contades que les ennemis parlaient de capitulation. Aussitôt, espérant gagner du temps et avoir des moyens d'embarcation, M. de Contades mit un mouchoir à son épée. A ce signal, plusieurs ennnemis s'avancèrent, mais, en offrant les meilleurs procédés, les républicains se saisirent de la bride de son cheval. Il s'en débarrassa à coups de sabre et fut rejoindre ses troupes. » (*Journal du marquis de Beaupoil-Sainte-Aulaire.*)

blicains avançaient, et nous n'avions pas de moyen général de rembarquement. Quelques canots particuliers étaient tout notre espoir.

La division de M. de Sombreuil n'avait pas tiré un coup de fusil. Elle était retranchée derrière de petits murs, et avait encore une attitude imposante. J'allai trouver Sombreuil, et lui demandai quel parti il comptait prendre. Il me répondit qu'il allait se jeter dans le fort neuf et y capituler. Je connaissais le fort mieux que lui : il n'était pas susceptible de la plus petite résistance. Il était défendu par trois pièces de gros canon de fer, dirigées vers la mer, dont il était impossible de faire usage contre l'ennemi. Tout était perdu : il ne restait plus qu'un parti désespéré, celui de marcher en avant. Peut-être que quelques soldats, ne voyant aucune ressource du côté de la mer, se seraient ralliés derrière nous ; peut-être aurions-nous obtenu le temps nécessaire pour le rembarquement ? Je le proposai en vain au malheureux

Sombreuil ; il était assez aveugle pour espérer une capitulation honorable. Le terme fatal de sa glorieuse carrière allait bientot arriver !

Bien décidé à ne pas capituler, je le quittai et me rendis au port. Je placerai ici un souvenir qui jamais ne s'effacera de mon cœur. J'avais trouvé, à côté de Sombreuil, Charles de Lamoignon. Son frère, Christian, avait été blessé à côté de moi, lors de la prise du fort. Je les aimais tous les deux tendrement. Charles avait porté son frère dans un canot et, libre de s'en aller avec lui, était revenu au poste de l'honneur. Ce malheureux jeune homme, exténué de fatigue et hésitant encore s'il devait chercher à se sauver, vint avec moi jusqu'au rivage. Là, je lui dis un éternel adieu (1).

(1) Marie-Charles-Guillaume de Lamoignon, capitaine dans Périgord, né à Paris, le 31 janvier 1757, fut exécuté à Quiberon, le 2 août 1795. (La Gournerie, *Débris de Quiberon.*)

On ne saurait se faire l'idée du spectacle que présentait cet affreux rivage. Trois ou quatre canots, à cent toises au large, attendaient ceux qui savaient assez bien nager pour s'y rendre, et qu'on voulait bien y recevoir. Plusieurs avaient pensé couler, en s'approchant trop près du rivage, par la quantité de monde qui s'y jetait. MM. de Rotalier, Langlois et Duportail étaient rendus au port, et réfléchissaient tristement au parti qu'ils avaient à prendre ; l'ennemi approchait, la mer était très grosse et les canots éloignés.

M. de Rotalier mit le premier son cheval à la mer. Ce modèle des chevaux sages conduisit son maître jusqu'au canot, y attendit qu'on l'embarquât et revint au rivage. Le mien était ombrageux et difficile, mais j'étais disposé à périr plutôt qu'à me laisser prendre. Si j'avais eu le temps de me déshabiller, je n'aurais au reste pas eu besoin de son secours. Je le poussai à la mer : impossible de le faire avancer. Après m'être battu quelques minutes avec lui, je fus ramené à terre. Il n'y avait plus un moment à perdre ; le dernier canot allait s'éloigner, et le canon des républicains était presque à portée de nous. Je me précipitai encore dans la mer ; mon cheval nagea quelques toises et se retourna pour revenir à terre. Cette fois, il fallait prendre un parti ; je forçai le cheval à retourner et il se renversa sur moi. Je croyais être à mon dernier moment ; j'étais entouré de gens qui se noyaient, et, si l'un d'eux m'eut saisi, j'aurais partagé indubitablement son sort. Le dernier canot était plein, les rames étaient placées et il allait s'éloigner. J'appelai en me nommant ; un nègre vint aussitôt à mon secours, et me donna un aviron à l'aide duquel je nageai jusqu'au canot. Je succombais sous le poids de mes vêtements, et, quelque minutes de plus sans secours, j'étais englouti.

Dès que je fus à portée, un officier de du Dresnay me tendit une rame que je saisis. Il m'attira à lui, et m'embarqua avec beaucoup de peine. Peu d'instant après, les républicains tirèrent à mitraille sur le port, et tout ce qui était resté fut obligé de remonter au fort (1).

(1) Nous devons à l'obligeance de M. de la Sicotière, sénateur, l'extrait suivant des souvenirs manuscrits du marquis de Chambray, oncle de Puysaye, qui corrobore le récit du comte de Contades.

« ... Je fus au fort Penthièvre à trois heures du matin. Je vis M. de Contades qui franchissait avec son cheval nombre d'hommes, et des fuyards me confirmèrent que le fort était pris. Je retournai chez M. de Puisaye. Il était allé à bord du vaisseau anglais amiral, commandé par Sir John Warren.

... M. de Contades, notre major général, était au milieu de la mer sur son cheval ; un nègre se jeta à la nage et le sauva. »

Le 5 janvier 1796, M. de Contades, dans une lettre au prince de Bouillon, fait allusion de la façon suivante à ces terribles moments :

« Mon prince. — Permettez-moi de rappeler à votre souvenir quelqu'un pour qui vous avez eu des bontés dont il n'a pas perdu la mémoire. Depuis que j'ai eu l'honneur de vous voir, j'ai voyagé par terre et par mer, à cheval et à la nage ; enfin je me suis sauvé, où malheureusement bien d'autres ont péri. » (Record office, *Bouillon Correspondence*.)

Le spectacle de la côte faisait horreur, et l'indécision sur le sort de ceux qui étaient pris y ajoutait encore. Le fort était entouré et sans défense. Ainsi, il n'y avait d'espoir que dans la clémence des vainqueurs.

La corvette *l'Alouette* était à demi-portée de canon et faisait un feu terrible sur la côte : celui de *la Pomone* y atteignait aussi.

Comptant obtenir à ce prix une capitulation, on fit cesser le feu et nos malheureux camarades mirent bas les armes. Ils ont attesté une capitulation qui n'a jamais existé (1).

(1) Nous ne prétendons point trancher ici, même après la négation formelle de M. de Contades, la question si délicate de la capitulation de Quiberon. Des écrivains de deux partis opposés ont trouvé, pour l'affirmer ou pour la nier, des arguments également spécieux. A notre avis, ils y ont apporté trop de passion; ils y ont surtout attaché trop d'importance. La non-existence de la capitulation de Quiberon, fût-elle bien établie, ne saurait en effet justifier un crime contre l'humanité, dont on ne peut lire de sang-froid l'épouvantable récit; elle ne suffirait pas à laver le sang qui souille une des pages les plus atroces de l'histoire révolutionnaire.

Sombreuil s'avança avec quelques chefs de corps. On leur a toujours répondu : « Faites taire le feu des frégates, mettez bas les armes, ou vous serez tous passés au fil de l'épée. » Quelques individus ont dit : « Rendez-vous, on ne vous fera rien, » mais il n'y a jamais eu de vraie capitulation, faite avec le général qui n'avait aucune raison d'en accorder à des gens qui ne pouvaient pas faire la plus petite résistance, et avec lesquels ses soldats étaient pêle-mêle.

Le commodore Warren envoya sur le

Qu'importe qu'il n'y ait pas eu de capitulation ? — Les émigrés ont cru, — tous les historiens sont d'accord sur ce point, — qu'il y en avait une ; et c'est pour cela qu'ils ont mis bas les armes. Ils y consentirent parce que les soldats républicains, plus sensibles à la pitié que leurs chefs, leur criaient qu'il ne leur serait rien fait. C'est pour cela qu'ils firent taire le feu des frégates; c'est pour cela que, pouvant presque tous s'évader, ils restèrent presque tous. Dès lors, ils étaient sacrés, et profiter de ce sinistre malentendu pour les envoyer au supplice, si ce n'était point enfreindre les lois de la guerre, c'était au moins commettre contre la bonne foi, et contre l'honneur même, un monstrueux attentat dont le souvenir ne périra jamais.

champ à terre le capitaine Keats et Cotton, lieutenant de *la Pomone*, demander quelle était la capitulation. On les reçut très mal, et on leur rit au nez quand ils en parlèrent,

La division de M. de Sombreuil mit bas les armes, et fut conduite au fort Penthièvre. On ne s'en occupait pas du tout. Là, et surtout en route, rien n'était si facile que de s'échapper, mais on promit *alors* qu'on ne ferait rien aux prisonniers, si personne ne cherchait à s'évader. On le promit alors,

Tous les documents relatifs à cette capitulation douteuse ayant pour l'histoire un véritable intérêt, nous donnerons à l'appendice le texte complet d'une curieuse lettre de l'abbé Péricaud, mal résumée dans les mémoires du comte de Puisaye. En 1807, quand Puisaye voulut écrire l'histoire du désastre de Quiberon, il dut demander à l'abbé Péricaud, grand vicaire de l'évêque de Dol, des détails sur ces dernières heures que lui-même avait passées en sécurité à bord de *la Pomone*. Ceux qui liront la lettre de l'abbé Péricaud, y trouveront le touchant récit de son entrevue suprême avec Mgr de Hercé, le vieil et héroïque ami du comte de Contades.

parce qu'on y avait intérêt. Si les prisonniers avaient su le sort qui les attendait, il n'en serait pas arrivé un seul au lieu de leur destination, ou plutôt de leur supplice, mais ils avaient donné leur parole d'honneur de ne point s'échapper, et presque tous y ont été fidèles.

D'après tous les rapports et tous les renseignements que j'ai pris sur la nuit du 21, il me paraît certain que les soldats de Royal-Louis, qui désertaient par troupes de trente à quarante toutes les nuits depuis le 16, (1) étaient assez mal accueillis par les républicains. Ils offraient de faire prendre le fort, mais, dans

---

(1) M. de Vauban, dans ses mémoires, parlant de la désertion des soldats de Royal-Louis, M. de Contades, pour justifier l'entrevue qu'il avait eue avec des officiers républicains, écrit en note : « Dans cet état de choses, peut-on trouver mauvais que l'on ait fait des propositions pour arriver à un arrangement ? Il est possible qu'avec de l'argent nous eussions obtenu quelques jours de trêve pour nous rembarquer. Les généraux républicains avaient bien plus envie de nous voir nous rembarquer que de nous prendre. »

l'armée, il y avait des gens bien pensants qui ne s'en souciaient pas. D'autres, qui jugeaient de notre défense par notre attaque du 16, craignaient une entreprise qu'ils croyaient extravagante. Un nommé David, grenadier de Royal-Louis, se mit alors à la tête de l'affaire et offrit de prendre le fort avec les déserteurs seuls. Il était impossible de refuser cette proposition. Il laissa leurs habits rouges à ses camarades, sut le mot d'ordre par ceux qui venaient d'arriver, et distribua tout son monde en patrouille. Royal-Emigrant, de garde sur la falaise, était étonné de la quantité de postes et de patrouilles qu'il rencontrait, mais, reconnaissant les soldats de Royal-Louis et en recevant les mots d'ordre et de ralliement, il ne nous a jamais cru si bien gardés.

Ces patrouilles s'avancèrent vers le fort, tandis qu'une colonne de déserteurs et de volontaires passait dans la mer, ayant de l'eau jusqu'à l'estomac. Rendus au pied du fort, ils l'escaladèrent sans faire de bruit. Les troupes qui y étaient, surprises et ne sachant à qui elles avaient à faire, ne songèrent pas tout de suite à la défense, et, quand elles l'essayèrent, il était trop tard. On n'eut pas même le temps de tirer les trois coups d'alarme ; l'on n'en tira que deux, qui suffirent pour faire rétrogader les colonnes qui devaient soutenir l'attaque.

Elles crurent l'entreprise découverte et manquée. Il fallut les renvoyer chercher, et, à cette époque, si l'on eut attaqué le fort avec de bonnes troupes, comme je l'avais mandé à Sombreuil, il eut été certainement repris.

Royal-Louis est la cause de tous nos malheurs. Il a même fallu le courage et la constance de ses officiers pour le conserver aussi longtemps. Presque tous ont payé de leur vie la confiance qu'ils avaient à tort en ces scélérats. Les trois officiers supérieurs ont péri. Le baron de Damas (1), abandonné par ses soldats, s'est noyé, le 21, en voulant gagner un canot sur son cheval. Si nous avions eu de bonnes troupes, M. d'Hervilly, ambitieux et entreprenant, ne se serait pas enfermé dans la presqu'île de Quiberon; il eut marché en avant. Cent mille hommes armés dans la Bretagne se seraient déclarés alors pour nous, je puis en répondre. Dans presque toutes les villes, et entre autres à Saint-Malo, des partis dont les chefs étaient connus, étaient disposés à nous ouvrir les portes, et les choses auraient pris une autre tournure.

Mais je suppose même que, sans profiter des dispositions du pays en notre faveur, nous eussions été assez ineptes pour nous enfermer à Quiberon. Monsieur y serait, au moins,

---

(1) Charles, baron de Damas-Cormaillon, né à Pain-lez-Monbard, le 21 mars 1758, colonel au régiment de la Marche, cavalerie, major en d'Hervilly.

descendu, et là, avec de nouvelles forces, l'on aurait préparé une descente à Carnac pour tourner les lignes de Sainte-Barbe, presque imprenables de notre côté. Aussi, je le dis et je le redirai toute ma vie, c'est le peu de confiance que l'on avait dans le régiment de Royal-Louis qui nous a fait rester à Quiberon; c'est sa trahison qui nous y a fait prendre. Les officiers me disaient un jour à Houat : « Vous vous plaignez toujours de nos soldats. Qui a laissé prendre le fort supérieur dont tout dépendait ? Quels régiments y étaient de garde ? Etaient-ce nos soldats qui le défendaient ? — Non, Messieurs, leur répondis-je, mais c'est eux qui l'ont pris. Croyez-moi : abandonnez la cause de vos soldats qui n'a rien de commun avec la vôtre. »

La plus grande consternation régnait dans l'escadre ; toutes nos espérances étaient évanouies. M. de Puisaye, soit force d'esprit, soit insouciance, était ou paraissait le moins affecté. On parla de déposer à Houat les tristes débris de l'armée. Tout le monde craignait d'y trouver un nouveau Quiberon, et personne ne voulait descendre. L'on y envoya les restes de Loyal-Emigrant, et, tous les jours, M. de Puisaye allait y dîner.

Le 16 août, le *Thunderer*, arrivant d'Angleterre, annonça Monsieur, lord Moira, et des renforts considérables. M. de Puisaye mit cette nouvelle à l'ordre, me continua major général, et fit le comte Bozon de Périgord adjudant général. Le *Thunderer* avait apporté des tentes. Il fut décidé qu'on ferait camper les troupes à Houat.

Royal-Louis tenait de si mauvais propos à bord qu'il fut ordonné de ne débarquer que les soldats fidèles de ce régiment. Les officiers avaient d'abord fort approuvé cet arrangement. Ils firent réflexion ensuite qu'en ne laissant descendre que les soldats dont ils étaient sûrs, ils se réduiraient à rien et souscriraient pour ainsi dire à leur réforme. Ils firent donc débarquer la moitié du régiment par ordre de compagnie et sans choix, et nous fûmes encore une fois entourés de ces mêmes soldats qui nous avaient trahis à Quiberon et qui ne s'étaient embarqués que machinalement, par peur ou faute d'occasion de passer à l'ennemi. Ils ne dissimulaient même pas le regret qu'ils en avaient. L'on fit tracer un camp et l'on y établit les troupes. Heureusement, il n'y avait rien à craindre, car s'il s'était présenté une apparence de force, nous eussions été livrés sur le champ. Les soldats le disaient hautement. Le soir, je me suis amusé quelquefois à aller les écouter le long des tentes ; tous généralement regrettaient de n'avoir point passé à l'ennemi, et promettaient bien, si l'occasion s'en présentait, de ne pas tomber dans la même faute.

M. de Puisaye se déplaisait à ce point à bord de *la Pomone* qu'il vint s'établir à demeure à Houat. Il s'y livra d'abord à toute sa paresse, se constitua malade et fut trois jours sans sortir de son lit, ayant la nuit son fidèle Laurent couché dans sa chambre avec de la lumière. Il semblait avoir l'esprit dérangé et n'était plus le même homme. Quelquefois, au milieu d'une conversation sur notre malheureux pays, il prenait un brin d'herbe, et faisait sur la botanique une longue et sentimentale dissertation. Tous les quarts d'heure, il répétait furieusement : « Dans quinze jours, je ferai un bruit terrible en Bretagne. Je ferai fusiller telle personne qui y est, telle autre qui doit y aller. » Malgré ces menaces, il ne pouvait dissimuler la crainte dont il était poursuivi, et se serait volontiers abonné à ne faire fusiller personne, à condition de ne pas l'être lui-même (1).

M. de la Béraudière était revenu et racon-

---

(1) « M. de Contades eut une querelle très forte avec M. de Puisaye qui lui dit qu'il partirait pour la Bretagne, où il ferait fusiller telles et telles personnes.

tait à haute voix que M. de Sombreuil avait dit : « Je ne regrette que quatre jours d'existence pour dénoncer le lâche Puisaye ! » Laurent, qui avait sous lui des espions bien payés, rendait compte au général de tout. Sa position était réellement cruelle. Il se déplaisait à bord de *la Pomone*, où il lisait sur tous les visages ce qu'on pensait de lui ; il ne se croyait point en sûreté à Houat, et n'osait aller ni en Bretagne, ni en Angleterre.

L'on attendait des nouvelles avec une impatience extrême. Tout commençait à manquer dans l'île ; il y avait une maladie épidémique parmi les chouans, et, tous les jours, on en enterrait plusieurs. Bozon, qui avait mis sa tente vis-à-vis de la porte de l'église, avait tous les matins ce spectacle de trois ou quatre

---

« Prenez garde, lui répondit M. de Contades, de l'être vous-même. » Cette espèce de prédiction fit un effet terrible sur lui. » (Annot. aux *Mémoires de Vauban*.)

chouans qu'on apportait à demi-enveloppés dans de petites couvertures, car, dans toute l'île, il n'y avait qu'un vieux mûrier et pas une planche.

Enfin, à force de représentations, on se décida à embarquer les troupes et à faire sauter les forts. L'on était si pressé de partir et d'évacuer même l'hôpital, que je rencontrai un chouan qu'on portait en terre et qui remuait encore les pieds. J'arrêtai les porteurs qui me dirent qu'il ne pouvait pas en revenir, qu'il serait mort avant d'être arrivé. Je convins qu'il n'était pas bien, mais j'ajoutai qu'il n'était pas assez mal pour être enterré. Bozon, qui était avec moi, me répétait sans cesse : « Mais quelle folie ! Bientôt on nous enterrera pour la migraine ! » Je le fis reporter au fort. J'allai le voir le lendemain et il me fit ses remercîments. Malheureusement, on l'y laissa pendant que l'on fit sauter les fortifications, et, soit de peur, soit de son mal, il mourut deux jours après.

M. de Puisaye était très embarrassé ; il ne pouvait pas rester et il ne voulait pas s'en aller. Le 3 septembre, il se détermina cependant à retourner à bord de *la Pomone*, où il fut si mal à son aise que, sous prétexte d'être incommodé de la mer, il resta presque toujours dans son lit.

J'écrivis alors au commodore Warren une lettre que signa Bozon, dans laquelle je lui mandai que son caractère de franchise et de loyauté m'autorisait à le prier de peser, dans sa sagesse, s'il n'était pas convenable de retarder le départ de M. de Puisaye pour la Bretagne jusqu'à la prochaine arrivée de Monsieur, lieutenant général du royaume, son juge pour sa conduite, et le maître d'ordonner pour l'avenir. Cette lettre, dont je n'ai jamais parlé, dont j'avais exigé le secret, a été vue de tout le monde, je ne sais comment. Elle a été approuvée des uns et m'a fait des ennemis des autres, qui ont dit que j'avais voulu, à cette époque, faire arrêter M. de

Puisaye. Je ne me repens pas de l'avoir écrite, et je l'écrirais encore en semblable occasion, bien persuadé que je n'ai fait que ce que je devais. Sir John ne me répondit pas. Il vint à terre, me dit qu'il n'avait pas le droit de faire ce que je demandais, et fit partir M. de Puisaye, le 5, à bord d'un chasse-marée. Il mit à terre en Bretagne avec assez de peine.

Le rembarquement des troupes, arrêté plusieurs fois, fut enfin exécuté le 9, et je retournai à bord de *la Pomone*. Tous les capitaines de l'escadre voulaient partir. Sir John et Keats tenaient bon et luttaient avec peine contre la volonté des autres. Enfin, le 10 septembre, arriva un cutter qui nous annonça l'arrivée de Monsieur et d'un convoi de cent vingt-trois voiles. Personne encore ne voulait y croire, mais, le 12, il ne fut plus permis d'en douter, car Son Altesse Royale et le convoi mouillèrent dans la rade de Quiberon.

Je terminerai ici le récit de cette cruelle

campagne. Une autre se prépare; puisse-t-elle, sous les ordres d'un prince digne d'être un nouvel Henri IV, avoir un plus heureux succès ! Ce succès sera dû au prince lui-même, car les circonstances sont bien moins favorables. La confiance est perdue de notre côté ; les moyens de défense sont augmentés de l'autre. Si Monsieur était arrivé quelques jours après notre déroute à Carnac, s'il se fût porté en avant, parlant en maître, alliant la bonté qui lui est naturelle à la fermeté et même à la sévérité nécessaires, il ne serait pas resté en Bretagne un seul rebelle, et les coupables se seraient empressés de demander leur grâce.

La Bretagne alors était conquise et la jonction avec Stofflet et Charette pouvait se faire facilement. Les héros de la Vendée venaient se ranger sous l'étendard de Monsieur ; sa présence faisait cesser toutes les rivalités, toutes les jalousies. L'exemple des Vendéens encourageait les chouans timides encore, parce qu'ils n'avaient pas fait une guerre ouverte, mais qui, mus par la religion et l'amour de leur maître, se seraient transformés en héros, comme les paysans de l'Anjou et du Poitou. Alors tous les royalistes auraient pu lever la tête, ayant à la fois un chef digne de l'être, un point de ralliement et une province pour refuge.

Partout en effet en Bretagne l'on nous attendait avec des renforts et des magasins, et les bons traitements que les prisonniers malheureux ont éprouvé indiquent assez avec quel enthousiasme on eût accueilli des vainqueurs ayant à leur tête un prince aimé et estimé, maître de punir, de pardonner et de récompenser. Au lieu de ce prince, dont le nom seul en eût imposé aux uns et eût encouragé les autres, on mit à la tête de l'expédition un aventurier sans moyens, sans caractère, sans courage, qui n'aimait que les flatteurs et n'écoutait que les espions. Cet intrigant, qui avait été d'abord constitutionnel, puis ensuite fédéraliste, n'était devenu royaliste

que lorsqu'il l'avait cru utile à sa fortune.
Et c'est seulement quand tout est perdu que
l'on fait arriver Monsieur pour une expédition
impossible, qu'on lui propose d'aller rejoindre Charette dans une saison où la côte
est inabordable ! C'était à Carnac qu'il fallait
qu'il descendît!

J'ai raconté simplement les faits et je ne me
permettrai ni réflexions sur le passé, ni plans
pour l'avenir. Quiberon sera dans mon cœur
une plaie qui saignera toujours. Je conserverai toute ma vie le douloureux souvenir de ce
que j'ai vu, de ce que l'on eut pu faire avec
le concours du courage et de l'héroïsme que
suffirent à peine à paralyser l'ineptie, la mésintelligence et l'intérêt personnel.

APPENDICE

APPENDICE

I

LETTRES DU COMTE DE CONTADES
AU COMTE DE PUISAYE (1)

(1795)

I

A Guernesey, ce mardi 24 mars.

Je suis arrivé hier ici, mon général, je ne sais pas comment, car il ne faisait pas un souffle de vent, et nous avons été cinq heures de suite sans gagner une toise.

---

(1) British Museum, papiers de Puisaye, vol. LXVI, *Rassemblement des émigrés à Jersey. Lettres des comte du*

Le gouverneur m'a parfaitement reçu et paraît assez disposé à me laisser établir ici. Il m'a dit cependant qu'il fallait aller parler à M. le prince de Bouillon avant de rien faire parce que, peut-être, tiendrait-il à nous avoir avec lui. Il m'a donné une lettre pour lui et a ordonné à un petit bâtiment de me conduire, mais le patron m'a dit qu'il était inutile de partir parce que, contre la marée et sans un souffle de vent, nous n'avancerions pas. Je voulais aller dans la chaloupe, mais le gouverneur n'a pas voulu. On me fait espérer de me conduire cette nuit; alors je pourrais être de retour demain au soir et cela ne

---

Trésor, comte de Williamson, comte de Vauban et comte de Contades (pièces 31-39). Le comte d'Oilliamson avait repris, en Angleterre, l'orthographe primitive de son nom de famille, *Williamson*.

Trois autres volumes des papiers de Puisaye sont consacrés à ce rassemblement: vol. LXVII, *Lettres des officiers des compagnies royalistes*, 1795, vol. LXVIII. *Corps du prince de Léon, comte du Trésor, comte de Williamson*; vol. LXIX, *Arms, etc. shipped to Jersey by the British government.*

retarderait pas l'établissement. D'ailleurs je laisse ici MM. Moreau et de Hercé qui prépareront tout, et j'espère que ces messieurs, à leur arrivée, trouveront l'établissement prêt, mais il est physiquement impossible qu'ils y vivent pour un schelling : tout y est follement cher (1).

J'ai vu ici plusieurs personnes, entre autres un M. de Kermadec, qui se plaignent de beaucoup d'entreprises manquées par le peu de résolution de ceux qui commandent les bâtiments. Ils n'ont pas, à ce qu'il m'a dit, une bonne volonté bien prononcée, ni le cou-

---

(1) MM. de Contades, Moreau, et de Hercé avaient été chargés par le comte d'Oilliamson de préparer à Guernesey l'établissement de ses quatre cadres. Nous extrayons du même volume des papiers de Puisaye ce billet non daté adressé à M. de Puisaye par le comte d'Oilliamson.

« Le comte de d'Oilliamson a l'honneur de souhaiter le bonjour à son général, et de lui déclarer qu'il croit nécessaire pour le bien du service, de faire partir par le paquebot de Jersey MM. de Contades, d'Hercé, de Moreau, quartier-maître de M. le vicomte de Chambray, avec un sergent par compagnie. Cela n'empêcherait pas l'envoi

rage nécessaire à ces sortes d'entreprises. Je ne suis entré dans aucun détail, parce que Kermadec me paraît mécontent en général, je pense d'ailleurs que le chevalier de *** qui a vu par lui-même vous aura mis au fait de ce qui se passe. Je vous écrirai aussitôt que j'aurai vu le prince, pour vous instruire de l'endroit où définitivement nous serons établis. Ne m'oubliez pas ici, je vous en prie, où je ne compte pas rester en garnison. Si je savais quelque chose d'assez important, j'irais vous le dire,

des 64 volontaires et peut-être plus qui, jusqu'à la fin de la semaine prochaine, se rendraient à Southampton, commandés par M. le chevalier de Moligny et M. le chevalier de Blangy. Ils iraient droit à Jersey, et trouveraient, en arrivant, le logement et ce qui leur serait nécessaire. Si M. le marquis de Ménilles approuve ce plan, il voudra bien dire à M. Windham que cela ne retardera en rien l'opération, qu'il est possible que cela l'accélère. Ils partiront samedi, quatorze volontaires; lundi, mardi, autant de suite.

Mercredi matin.

M. le comte de Contades verrait en passant M. le prince de Bouillon à Jersey, et il pourrait même ne pas emmener les quatre sergents.

tout comme je vous conjure de me faire venir ou aller, dès que vous le jugerez de la plus petite utilité ; mes pas et ma peine ne me coûtent rien.

Notre entreprise est jalousée et sera contrecarrée, mais votre courage a surmonté de plus grandes difficultés. Soyez sûr que vous avez sous vous des gens qui n'en manqueront pas, qui sont aussi persuadés que vous que là seulement il y a encore gloire et utilité à trouver et qui n'ont rien tant à cœur que de les y aller chercher avec vous.

Recevez, je vous prie, mon général, l'assurance du respectueux attachement avec lequel j'ai l'honneur d'être votre très humble et très obeissant serviteur (1).

(1) Toutes les lettres du comte de Contades à M. de Puisaye portent la souscription suivante :

A Monsieur de Ménilles,

Fulger-Street, St-James's Park, Westminster, n° 15, London.

II

A Guernesey, ce 1ᵉʳ avril.

Je suis de retour ici, mon général, à attendre ces messieurs, ce que je pourrai bien faire encore longtemps. Je m'en doutais quand je suis parti. J'ai vu le prince de Bouillon, qui m'a parfaitement accueilli. Il m'est venu un grand nombre de recrues de la ville. Le chevalier de la V*** prétend qu'il ne faudrait pas les prendre; comme je ne savais pas vos intentions j'ai consenti à les inscrire, quitte à les renvoyer. L'établissement ici sera d'un prix fou ou plutôt impossible. Je défie que chaque individu y vive à moins de deux shellings. C'est ce qui me console du retard de ces messieurs, car je crois qu'ils feront de beaux cris quand ils arriveront. Au reste, j'espère que vous ne nous y laisserez pas longtemps.

Avant-hier, il nous est venu un petit bâtiment du Havre, sous pavillon américain mais assurément français, avec quelques bouteilles de vin de Champagne et de Bourgogne, qui n'étaient pas l'objet principal qui l'amenait ici. J'ai causé hier avec les gens de son équipage. Ils nous ont dit que, le dimanche d'avant leur départ, la messe avait été célébrée au Havre, avec une affluence énorme de peuple, que le calendrier républicain avait été aboli, ce qui nécessairement rétablit ce dimanche. Ils ne pensent pas bien au fond, mais les faits qu'ils rapportent sont excellents. J'ai vu des prisonniers échappés, des gens qui arrivent de France : pas un ne varie, et tous disent que, sur cinq personnes, quatre veulent un roi. Hâtons-nous donc, mon général ; il ne faut qu'un événement dans l'intérieur pour rendre les approches plus difficiles. Un gouvernement faible comme celui d'à présent est à la veille de sa destruction, et il faut en profiter pour en rétablir un qui convienne à tout le monde. Entrez en France de votre personne, avec les cadres complets ou non. Une fois rendus, ils se compléteront, et, en arrivant, l'on ne s'amusera pas à nous compter. On a tant fait de sottises de retard, que peut-être une de précipitation réussirait. Je connais le soldat français : il aime l'audace, il est amoureux de la nouveauté. En lui montrant l'une et l'autre, en lui parlant, en le traitant bien, en le payant suffisamment, l'on n'aura pas la peine de le combattre, surtout s'il est bien persuadé qu'on y est décidé au cas qu'il ne se rende pas. Vous me trouvez peut-être un peu pressé, mais vous m'avez témoigé confiance et amitié, et je suis sûr que cette manière-là ne vous déplaît pas.

Surtout ne me laissez pas ici, s'il y a moyen d'aller ailleurs. Je n'en bougerai que d'après vos ordres, vous savez que je l'ai promis, mais il me tarde bien de les voir arriver.

Adieu, mon général, j'espère que vous ne doutez pas du respectueux attachement que je vous ai voué et dont j'espère bientôt vous donner des preuves.

III

A Guernesey, ce 7 avril.

Le prince, mon général, vient de m'envoyer Mac-Dougle pour me chercher, ainsi qu'il me l'a promis dès qu'il y aurait quelquechose de nouveau. On a beaucoup tiré hier et avant-hier. Ce sont deux bâtiments français contre ceux de la station de Jersey, autant que j'ai pu le savoir. D'après ce que l'on m'a dit, j'espère qu'on a vu des signaux à la côte. Vous avez sûrement des détails circonstanciés de Jersey même. Je vous écrirai aussitôt mon retour ici. Le temps est très mauvais et le vent absolument contraire, mais je trouverai des moyens et j'arriverai. Mac-Dougle est très entreprenant, je profite du départ d'un courier d'ici pour vous écrire. Comme je n'écris qu'à vous, je vous serai obligé de n'en point parler. J'attends toujours ces messieurs, qui n'arriveront peut-être pas de sitôt, mais à l'ennui près, je suis bien ici et à portée de nouvelles.

Il paraît aussi que deux bricks ont tiré sur la côte de Jersey avec du canon de 36, et ont fait du dégât. Au reste tout cela est égal, si réellement on a fait des signaux. J'espère qu'à présent vous n'aurez pas besoin de ma signature pour savoir qui vous écrit; vous me reconnaîtrez toujours à mon intérêt à notre cause et à mon attachement bien vrai à votre personne.

IV

A Jersey, ce 16 avril.

J'arrive, mon général, de notre expédition sur la côte. M. d'Allègre, qui en a été le témoin, vous en rendra le même compte que moi.

Nous n'avons trouvé ni amis, ni ennemis.
La manière dont la côte est défendue est
misérable. Des canons sans affuts aux forts
(qui par conséquent ne peuvent nuire à une
descente) et quelques gardes nationaux,
courant de poste en poste aux endroits où ils
croyaient qu'on avait envie de débarquer;
voilà tout ce que j'ai vu. On peut mettre à
terre où on voudra; voilà ce dont je puis répondre. Pas un paysan ne se mêle de la défense : quelques-uns non armés regardent;
les autres travaillent dans les champs. Hier,
le commodore m'a pris avec lui à bord d'un
petit bateau, et nous avons longé la côte pendant au moins deux lieues, reconnu la baie
la plus favorable pour mettre à terre, et nous
n'avons vu en tout que trente hommes environ, qui accouraient pour garder le poste où
nous nous rendions. Ainsi, pour la côte, je
vous réponds que vous n'y trouverez aucun
obstacle. Quant aux dispositions du pays, le
rapport de tout ce qui en vient ne laisse pas

de doutes sur leur bonté. Quelles qu'elles soient, il est indispensable de les soutenir, si elles sont bonnes, ou de les réchauffer si elles sont un peu refroidies. Il faut marcher, mon général, quelles que soient les forces que vous ayez. Elles développeront celles que vous avez laissées, et je puis vous répondre que vous parviendrez sans difficulté dans l'endroit de la Bretagne où vous voudrez aller. Adieu, mon général, j'espère, sous peu de temps, toucher cette côte que je n'ai fait que reconnaître, et je ne doute pas du succès. J'espère que vous êtes bien persuadé du respectueux attachement que je vous ai voué pour la vie.

Si l'on trouvait extraordinaire que j'aie quitté Guernesey pour aller à cette expédition, je vous prie de vouloir bien vous charger de cette petite iniquité, qui sûrement n'en est pas une à vos yeux.

V

A Guernesey, ce 29 avril.

Le prince de Bouillon, mon général, a eu la bonté de me faire savoir l'arrivée de MM. de F*** et les bonnes nouvelles qu'ils ont apportées. Il est bien sûr, et vous pouvez l'être, de ma discrétion.

Quand on a compté des années, l'on est bien heureux de n'avoir à compter que des jours jusqu'au moment de rentrer dans sa patrie, et nous ne tarderons pas à y être comme nous le devons.

Je comptais aller passer quelques jours à Londres, mais j'attendrai à en recevoir des nouvelles. J'aimerais mieux traiter avec vous à Jersey ou même en Bretagne, quelques petites affaires dont je voulais vous parler à Londres. D'ailleurs j'en ai parlé à M. de

Plouër (1), à qui vous donnerez vos ordres et qui me les fera passer.

Je voudrais bien que l'on ne nommât point la majorité de mon régiment. Rien ne presse; M. de Montauran acceptera, j'en suis sûr. Il ne tient à M. du Dresnay que par la reconnaissance, et il y tient peu. Quand je lui dirai positivement, au moment du départ,

---

(1) Victor-Joseph-Jean de la Haye, comte de Plouër, fils de Jean-Charles-Pierre de la Haye, comte de Plouër; et de Françoise de Contades. Il était cousin germain de M. de Contades, qui, en 1796, le recommandait en ces termes au prince de Bouillon :

A Londres, ce 16 mai.

MON PRINCE,

Le comte de Plouër, mon cousin et presque mon frère aura l'honneur de vous remettre cette lettre. Je réclame pour lui les bontés dont vous m'avez comblé, et j'espère qu'il les méritera. Je suis ici pour quelques jours encore mais bien pressé de m'en aller. On assure que tout va bien et que bientôt tous nos désirs seront remplis. J'espère bientôt retourner sous nos drapeaux et les conduire au sein de notre patrie. Recevez, je vous prie, mon prince, l'assurance du respect avec lequel j'ai l'honneur d'être votre très humble serviteur,

Le comte de CONTADES.
(Record office, *Bouillon Correspondence.*)

d'accepter, il acceptera et sera enchanté. D'ailleurs, s'il n'acceptait pas, j'ai un aide-major, le comte d'Aché, qui a fait la guerre depuis quatre ans en Amérique et qui est venu pour cette expédition. Il est plein de zèle et d'intelligence, et vous en serez parfaitement content. Cela d'ailleurs ferait un très bon effet. J'imagine que Plouër vous aura parlé aussi pour les aide-majorités, déjà nommées, d'après le droit que nous croyions tous en avoir, et que M. de Williamson veut donner à l'ancienneté. Je le lui ai mandé et, en même temps, le cas où je me trouve. Mon premier capitaine est un capitaine de vaisseau qui n'a ni l'activité, ni les moyens qu'une aide-majorité exige. Au reste, cette affaire s'arrangera peut-être mieux, sans qu'on sache que je vous en ai parlé.

J'ai aussi prié M. de Plouër de vous parler pour un cheval pour moi, que je voudrais bien que vous permissiez qu'on mît avec les vôtres. Je lui ai mandé ce que je pouvais y mettre. Il est impossible de s'en passer, et, sur les lieux, nous ne trouverions pas un petit mulet. S'il lui fallait quelques louis de plus, je vous serais obligé de les lui avancer. Une fois en Bretagne, lui et moi, nous ne manquerons pas d'argent, mais jusque-là nous en avons fort peu. Peut-être vous fais-je une demande indiscrète, mais je suis payé pour présumer de votre obligeance. Je suis parfaitement content d'environ cent officiers que j'ai eus. Ils ont du zèle sans importance, et je suis certain qu'ils serviront à merveille. Recevez, je vous prie, mon général, l'assurance du respectueux attachement que je vous ai voué pour la vie.

Je voudrais bien savoir ce qu'a fait le comte Etienne (1).

(1) Étienne-Charles, comte puis duc de Damas-Crux (1815). Le comte de Damas-Crux, à l'issue de la campagne de 1793, leva une légion qu'il conduisit au service de la Hollande, et qui, lors de l'invasion de ce pays par les troupes républicaines, passa à la solde et au service de l'Angleterre. L'infanterie de cette légion ayant été détruite

VI

A Guernesey, ce 5 mai 1795.

Je vous écris à Londres, mon général, et je vais de ma personne à Jersey : ainsi, ou vous me lirez, ou vous m'entendrez. Je commence par vous remercier d'avoir pensé à moi pour commander la cavalerie (1). Je ne saurais vous dire le plaisir que me fait une marque de confiance d'une personne qui m'en inspire. Ne me laissez pas encadré;

à Quiberon, en 1795, le comte de Damas-Crux conclut, en 1796, avec le prince de Condé une capitulation, en vertu de laquelle il forma un régiment de hussards, composé des débris de sa légion, et il le commanda à l'armée de ce prince. (V. Courcelles, *Dictionnaire des généraux français.* T. V, p. 122.)

(1) M. de Contades eut été, en ce cas, remplacé par le comte de la Pelouse. Le comte d'Oilliamson le demanda en ces termes à M. de Puisaye dans un billet non daté :

« M. le comte de Williamson a l'honneur de représenter à M. le marquis de Ménilles que, M. le comte de Contades étant destiné à avoir un régiment de cavalerie, il serait

je vous servirai mieux autrement. Ayez aussi peu de cavalerie que vous voudrez; elle grossira à chaque pas que vous ferez. Il m'est arrivé du continent plusieurs officiers de hussards qui ont fait toutes les dernières campagnes et dont vous serez parfaitement content. Si les bottes manquent, de grandes culottes, surtout l'été, les remplaceront parfaitement bien. Je ne saurais vous dire le plaisir que m'a fait votre dernière lettre. Ce que j'avais vu à la côte ne m'avait pas inquiété du tout, et je vois que ce qu'on vous avait dit, avait produit le même effet. Autrefois, si on avait menacé d'une descente, tout le monde

nécessaire d'avoir un régiment d'infanterie de plus, pour former la brigade de quatre régiments d'infanterie et un régiment de cavalerie. Il a l'honneur de proposer à M. le marquis de Ménilles pour capitaine M. le comte de la Pelouse, qui réunit à toutes les qualités d'un des meilleurs officiers de l'armée, celle d'être propriétaire en Normandie, de la connaître parfaitement, et d'avoir fait la guerre de sept ans, ainsi que M. le chevalier de la Pelouse, son frère, qui depuis longtemps est major et qu'il demande pour lieutenant ou sous-lieutenant...»

aurait couru aux armes. Nous avons vu des spectateurs froids, rassemblés sur les hauteurs, qui n'avaient l'air de prendre aucun intérêt à ce qui se passait, quelques gardes nationaux qu'un coup de canon dispersait et qui n'avaient pas une pièce de quatre. Or, pour une descente, il n'y a que le canon à redouter. Si vos ennemis n'en ont point, vous les attaquez avec avantage, puisque vous vous faites soutenir du feu de vos vaisseaux.

Paraissez ; qu'ils revoient celui qu'ils aiment, qu'ils estiment, qui les a créés, conduits dans des temps bien plus difficiles, qui leur amène des secours, et les plus indécis s'empresseront de se ranger sous vos drapeaux.

Le vicomte de Blangy, mon ancien, est ici. Je n'y ai absolument rien à faire. Si vous avez quelques ordres à me donner, mandez le moi, et je serai bientôt auprès de vous.

Vous me mandez de Londres que M. de

Léon est employé comme maréchal de camp. Je ne crains pas les fortunes de Londres, et c'est en Bretagne que l'on aura à gagner sa position.

Adieu, mon général, j'espère que vous ne doutez pas du sincère attachement que je vous ai voué pour la vie.

VII

A Londres, ce mercredi.

Le comte de Contades s'est présenté hier pour avoir l'honneur de voir son général. Il le supplie de vouloir bien lui accorder un moment d'audience. Il a quelque chose d'absolument essentiel à lui communiquer. Il ira le chercher entre trois et quatre heures. S'il peut disposer d'un demi-quart d'heure, l lui fera grand plaisir de le lui accorder.

East Street, n° 193.

VIII (1)

J'ai vu ce matin, mon général, notre quatrième de l'autre jour (2). Il est venu me voir; j'en ai été parfaitement content. Je vous réponds qu'il a pris son parti sur les anciens. Il craint même celui que j'ai trouvé hier chez vous (3). Il m'a dit (ce dont vous vous doutiez) qu'il se chargerait de la besogne si vous vouliez. Il m'a dit qu'il avait été pour vous voir hier et qu'il était fâché de ne pas vous avoir trouvé. Je lui ai dit que j'avais été témoin de vos regrets, que j'étais sûr que vous le verriez toujours avec grand plaisir. Il m'a demandé de l'aller prendre entre deux

(1) Ce billet a été imprimé dans les *Mémoires du comte de Puisaye*, t. VI, p. 17.
(2) M. d'Hervilly, qui avait dîné dans la taverne de Charing-Cross, avec MM. de Puisaye, de Chambray et de Contades.
(3) Le comte d'Oilliamson, d'après les commentaires de M. de Puisaye. (*Mémoires*, t. VI, p. 17.)

et trois heures aujourd'hui. Je lui ai dit que vous alliez dîner à la campagne, que sûrement il vous ferait plaisir d'y venir, mais que, dans tous les cas, vous pourriez convenir ensemble d'un rendez-vous plus long. Il s'est ouvert entièrement à moi : je vous réponds que tout ce qu'il désire, c'est d'aller, et d'aller comme vous l'avez arrangé. Ce qu'il a dit, était pour la forme, et il est convenu avec moi que la chose ne pouvait pas aller autrement. Je suis enchanté et, avec cette volonté, vous ne pouvez en trouver un meilleur. Donnez des ordres pour qu'on le laisse entrer. Adieu, mon général, je serai à deux heures et demie chez vous.

IX

Le comte de Contades s'est présenté pour avoir l'honneur de voir son général et lui dire que le marquis de Damas, premier gentilhomme de la chambre, devait avoir un des cadres du comte Etienne. Il lui a parlé et je crois qu'il aurait grande envie de partir tout de suite; mais il est retenu, d'abord par l'espèce d'engagement pris avec Étienne, et l'envie qu'il a d'avoir le brevet de colonel qu'a le duc de Chatillon (1). Je lui ai dit que, quant au brevet, ayant autant de droits que lui, je ne doutais pas que vous ne le lui donnassiez, et alors je lui donnerais un de ceux qui restent pour les cadres de cavalerie. Faites-moi dire si vous pouvez me voir demain matin. Votre silence sera réponse affirmative. Si vous ne pouvez pas, alors j'irai dîner chez M. de S.-M. N'oubliez pas aussi M. de Windham, en cas que vous le croyiez utile.

Recevez, je vous prie, l'assurance de mon respectueux attachement.

Le petit général me fait une mine horrible.

(1) Anne-Henry-Renier-Sigismond, fils de Anne-Charles-Sigismond de Montmorency, duc de Luxembourg. Mort avant son père en 1795, il porta le titre de duc de Châtillon.

II
ÉTAT
DU CORPS D'INFANTERIE (1)
COMMANDÉ PAR
LE MAJOR COMTE DE WILLIAMSON (2)
(Jersey, 1795)

ÉTAT-MAJOR
MM.

Aide-Major   Le vicomte de Williamson (3).
Adjudant   Le baron de la Bassère.

---

(1) V. British Museum, papiers de Puisaye, t. LXVI, *Rassemblement des émigrés à Jersey*, et, Record Office, papiers du prince de Bouillon, *Lettres du comte de Williamson.*

(2) Le comte d'Oilliamson (Marie-Gabriel-Eléonor) avait, pendant l'émigration, repris, comme nous l'avons dit, la forme anglaise de son nom. Le comte d'Oilliamson commandait à Quiberon une division qui ne débarqua pas. Il rendit plus tard les plus grands services à la cause royale dans l'armée de Basse Normandie, dont il dirigea les opérations. Nous reproduisons la note le concernant adressée à M. Windham, lors de la nomination des officiers supérieurs :

« M. le comte d'Williamson (*sic*), major, sert depuis 1756, a fait toute la guerre de Sept ans, quatre campagnes, capitaine de dragons, colonel en 1769, maréchal de camp en 1788. »

(3) Le vicomte d'Oilliamson (François-Etienne), frère

APPENDICE

	MM.
Quartier-Maître	Blin.
Aumônier	L'abbé de Williamson.
Chirurgien-Major	Salles.
Aide-Chirurgien	Bégny.

COMPAGNIE DE CONTADES

Capitaine	Le comte de Contades (1).
Lieutenant	Le comte de Plouër.
Sous-Lieutenant	Le comte de Peysac.

MM.	MM.
1. Le comte de Coëtlando.	4. Le comte de Brilhac.
2. Le comte de Saint-Sauveur.	5. Le comte de Reverseaux.
3. De la Morélie.	6. Le comte de Médavy

du précédent, plus tard major général de l'armée de Frotté, fusillé par une patrouille républicaine au Ménil-Adelée (Manche), en 1799. Voici les notes le concernant présentées à M. Windham :

« Aide major, le vicomte de Williamson, sert depuis 1759, a fait toute la guerre de Sept ans, capitaine de cavalerie en 1770, major et lieutenant-colonel depuis plus de vingt ans. Les anciens lieutenants-colonels ne voulaient point du grade de colonel parce qu'ils passaient à celui de maréchal-de-camp sans être colonels. Le vicomte de Williamson était dans ce cas. »

(1) Nous transcrivons ici, à titre de curiosité, le brevet de capitaine du comte de Contades.

« George the third, by the grace of God, King of Great Britain, France and Ireland, Defender of the Faith, etc.... To

MM.

7. Le baron de Pélissier.
8. Le comte de Conan.
9. De Possesse.
10. De Brié.
11. De Fourmer.
12. De Maiguenat.
13. De Montfort.
14. Le chevalier d'Aché.
15. De Chaffoy.
16. Le baron de Bouveron.
17. Le comte de Juigné.

MM.

18. Le comte de Léon-Juigné.
19. Le marquis de Pracomtal.
20. Le vicomte de Tremerenc.
21. Le comte de Bizien.
22. Du Aultier.
23. De la Pommelle.
24. De Montchal.
25. De la Rocherousse.
26. Le chevallier de Chaffoy.

our Trusty and Wellbeloved le comte de Contades Greeting We reposing especial Trust and Confidence in your Loyalty, Courage and good Conduct, do by these Presents constitute and appoint you to be captain of a company in the comte de Williamson's Corps of Infantry, to be forthwith raised for the British service and to be composed of French Subjects.

« You are therefore to take the said company into your care and charge and duty to exercise as well the officers as soldiers thereof in arms, and to use your best endeavours to keep them in good order and discipline, and We do hereby command these to obey you as their captain and you are to observe and follow such orders and directions from Time to Time, as you shall receive from Us, your major commandant, or any other your superior officier, according to the rules and discipline of war, in pursuance of the trust hereby reposed in you. Given at Our Court at Saint James's, the second day of march 1795, in the thirty fifth year of our reign.

« By His Majesty's command,

« PORTLAND. »

MM.

27. Le chevallier de Gourville.
28. De Lanniers.
29. De Séguin.
30. De Repentigny.
31. Du Fresnoy.
32. De la Pomelle, fils.
33. Le comte de Kouarty.
34. De Lambert.
35. Le Bègue.
36. De Gourdéan.
37. De la Bussine.
38. Le Penevault.
39. Le chevalier de la Brisaye.
40. Le marquis de Villeneuve.
41. De Pélissier, fils.
42. De Lort.
43. Auguste du Chesne.
44. De Reverseaux.
45. Le chevalier de la Crochais.
46. De Poulpiquet.
47. Le chevalier de Cheffontaine.
48. Le chevalier de la Bourdonnaye.

MM.

49. De la Villebrune.
50. De Tremerenc.
51. Koersiault.
52. Le marquis de Langle.
53. Le chevalier de Huchet.
54. Du Rossel.
55. De Drouet.
56. De Coustin de Manadan.
57. Le chevalier de Coustin.
58. Noël du Rocher.
59. Du Pomeret.
60. De Louvigny.
61. Silv. de Cheffontaine.
62. De Frémignon.
63. De Caron.
64. Du Tilleul.
65. De Saint-Oms.
66. Du Bort.
67. De Froger de Pontleroy.
68. De la Villetehart.
69. De la Villevogt.
70. De Saint-Nicolas.
71. De la Rivière.

MM.
72. De Saint-Gilles.
73. De Ranbesc.
74. Le chevalier de Suilhac.

MM.
75. Fred. Du Chesne.
76. Le vicomte de Tremerenc.

COMPAGNIE DE BLANGY

MM.

Capitaine   Le vicomte de Blangy (1).
Lieutenant   Le chevalier de Blangy.
Sous-Lieutenant Le vicomte de Guillerages.

MM.
1. Antoine de Fontanges.
2. Le baron d'Autroche.
3. Le comte Henry de Blangy.
4. Lefort de Carneville.
5. De Morinvilliers.
6. De Corbin.

MM.
7. De Guérin de la Houssaye.
8. Buissy de Tasserville.
9. Honoré Victor.
10. De Buissy.
11. Le comte de Morsan.
12. Le comte Vauquelin de Sassy.

(1) « Le vicomte de Blangy, vingt-cinq ans de service, commandant un corps de la gendarmerie. » (Note présentée à M. Windham.)

MM.
13. De Logerais.
14. De Montalembert.
15. Le baron de Chalus.
16. D'Orfeuille.
17. Le comte de Solare.
18. Le comte de Peyssac.
19. Charles Le Marin.
20. Le marquis de Brouillac.
21. De Fontenay.
22. Le baron de Plunket.
23. Jean Rivière.
24. Jacques Dallot.
25. François de Gastbled.
26. Michel de Perdrieux.
27. Nicolas Le Breton.
28. Leroy du Bourg.
29. Le chevalier Macklot.
30. Henry Macklot.
31. Le marquis de Gourmont.

MM.
32. Le chevalier de Gourmont.
33. Le marquis de Servin.
34. Le chevalier de Servin.
35. Le chevalier de Crasménil.
36. Le comte du Buat.
37. Le vicomte du Buat.
38. Le chevalier de Renneville.
39. Des Iles.
40. De Montfiquet.
41. Le chevalier d'Oisy.
42. De Vauquelin.
43. De la Vaquerie,
44. Dursus l'aîné.
45. Clarence.
46. Noël.
47. De Berruier.
48. De Wailly.
49. Le baron de Vitry.
50. M. Damour.
51. Le comte de Sommeris.
52. D'Argenteau.

MM.
53. Le comte de Champagne.
54. De Montéclair.
55. De Géliande.
56. De Nantiat.
57. Le baron de Mallet.
58. De Canoie.
59. De Bertrand.

MM.
60. De Colleville.
61. De Gaillabert.
62. De Labbey.
63. Le baron de Colbert.
64. Le baron de Coutes.

COMPAGNIE DE LA SERRE

MM.

Capitaine   Le comte de la Serre (1).
Lieutenant   Le chevalier de Moligny.
Sous-Lieutenant   Le comte de Doulcet

MM.
1. Des Arpantis.
2. De Gazeau.
3. De la Haye.
4. De Peyrat.
5. De la Lande, père.
6. De la Lande, fils.
7. De la Vallade.
8. De Magnac.

MM.
9. De Pichard.
10. De Brossard, père.
11. De Brossard, fils
12. De Galard.
13. De Grammont.
14. De la Bigotière.
15. Du Hautoy.
16. De Beaurepaire.

(1) « Le comte de la Serre, maréchal de camp; les services les plus actifs et les plus distingués depuis 1746. » (Note présentée à M. Wind'ham.)

MM.
17. De Sainte-Aulaire.
18. Dorly.
19. Marié.
20. De la Mennerie.
21. De Combettes.
22. De Brossard, fils.
23. De Caillaut.
24. De Bourbon.
25. De Hamelin.
26. De Pigache.
27. De Guelkuy.
28. De Bruny.
29. De Galibert.
30. D'Arnault.

MM.
31. De Morel.
32. De Trenué.
33. De Botherel.
34. De Sainte-Aulaire, neveu.
35. De Gastbled.
36. De Froberville.
37. De Courde.
38. Du Fougeray.
39. De Verdier.
40. De Fulconis.
41. De Courtigny.
42. Dubois-Grollier.

COMPAGNIE DE CHAMBRAY

MM.

Capitaine   Le vicomte de Chambray (1).
Lieutenant   De Béatrix.
Sous-Lieutenant   Le comte de Hercé.

MM.
1. De Trémic.
2. De Boishamon.

MM.
3. De Moreau.
4. La Moussaye.

(1) « Le vicomte de Chambray, vingt-cinq ans de service, 16 ans capitaine de cavalerie, depuis colonel aux chevau-légers. » (Note présentée à M. Windham.)

MM.

5. De Botherel, fils.
6. De Bouillé.
7. De Bouillé.
8. Bussy-la-Boullaye.
9. Roger.
10. Osmont.
11. Chevru.
13. Denneval.
13. De Forget.
14. De Gelin.
15. D'Aubry.
16. De Villebert.
17. De Calonne.
18. De Torcy.
19. De Forges.
20. De Marnienne.
21. D'Ozouville.
22. d'Orville.
23. De Vissagnets.
24. Du Chemin.
25. Des Rotours.
26. Granchin.
27. De Monti.
28. De Farcy.
29. De Varennes.
30. De Nanteuil.
31. De Margeot.
32. De Marconnay.
33. De Chapdelaine.

MM.

34. De Boisbaudry.
35. De Rochemure.
36. De Pays.
37. Le Febvre.
38. De Guerpel.
39. De Guers.
40. D'Aymar.
41. Blanchouin.
42. De Bonchamps.
43. Le chevalier du Huchet.
44. De Clomadeux.
45. Espivent.
46. De Geslin.
47. De Chapdelaine.
48. De Fontenelle.
49. De Monthulay.
50. De Martigny.
51. De la Faverie.
52. De la Loubière.
53. De la Pallu.
54. De Turgot.
55. De Vauquelin.
56. De Saint-Luc.
57. De Warne.
58. De Courcy.
59. De Saint-Luc.
60. De Gouyon.
61. De Vanteaux.

MM.

62. De la Moricière.
63. De Guerpel, fils.
64. De Belley.
65. De Sainte-Colombe
66. De Forges.
67. Loncle.
68. Broise.
69. De Mademanche.
70. Molart.
71. Bernard.
72. De la Bourdonnaye
73. De Hercé.
74. De Welsh.
75. Pierre.

MM.

76. Osmont.
77. Jaques.
78. Pottier.
79. De Guer.
80. De Botherel, père.
81. Le Gras.
82. De Goulaine.
83. De Chatillon.
84. De Ribon.
85. De Vaux.
86. Du Fief.
87. De Court.
88. La Houssaye.

III

LETTRE DE L'ABBÉ PÉRICAUD

A M. DE PUISAYE

(Papiers de Puisaye, vol. LXXIV, *Correspondance de l'abbé Péricaud*, fol 40.)

2 avril 1807.

M. d'Allègre m'a dit que M. de Brécourt désirait que je lui fisse part de la manière dont M. l'évêque de Dol était tombé au pouvoir des républicains à Quiberon. Je vais lui rapporter tout ce qui se passa. Les circonstances m'en sont encore aussi présentes que si l'événement s'était passé hier.

(1) L'abbé Péricaud (Léonard), prêtre du diocèse de Limoges, grand vicaire de Séez, serait, parmi les figures secondaires de l'émigration, une des plus curieuses à étudier. Il n'eut certes rien d'un héros, mais possédant tout l'entregent d'un brouillon et toute l'activité d'un intrigant, il fut en relation avec tant de personnes et mêlé à tant de choses que sa correspondance avec Puisaye

M. l'évêque de Dol fut informé à deux heures après minuit de la trahison qui avait introduit un certain nombre de républicains dans le fort Penthièvre, et on lui dit en même temps de songer à se sauver. Ne croyant pas le danger aussi pressant et convaincu qu'il ne trouverait aucun obstacle pour s'embarquer, il s'occupa tranquillement à faire

fait pénétrer plus qu'aucune autre, dans le monde des émigrés en Angleterre, nous en montrant les misères et les grandeurs, les regrets légitimes et les espérances folles. Nous devons nous borner ici à quelques renseignements biographiques, les empruntant à une note de Puisaye lui-même, conservée dans le vol. LXXVII de ses papiers (*Lettres diverses des ecclésiastiques royalistes*), et écrite en 1805 :

> L'abbé Péricaud, chanoine de l'église cathédrale de Sées, vicaire général du même diocèse, chapelain de Monsieur, aujourd'hui Louis XVIII, et secrétaire de la feuille de son apanage, se réfugia à Londres où il arriva sur la fin du mois de septembre 1792. Il a cherché à se rendre utile, soit dans son état, soit dans les choses qui avaient rapport à la chose publique. Le connaissant depuis longtemps et partageant l'estime et la confiance que ma famille avaient conçues pour lui, je m'empressai de le rechercher en arrivant à Londres, en 1794. Lorsque l'expédition de Quiberon fut arrêtée, nous lui proposâmes, M. l'évêque de Dol et moi, de nous y suivre. Il y consentit quoiqu'on n'eût accordé aucun traitement à la classe des ecclésiastiques qui accompagneraient ce prélat. M. l'évêque de Dol, qui le connaissait depuis longtemps et qui savait d'ailleurs comment il s'était conduit en France et à

ses paquets,et,quoiqu'on le pressât d'accélérer, il ne se hâta pas davantage. Il n'arriva au Port-Aliguen que vers les sept heures et demie du matin, car ce ne fut qu'un peu avant six heures du matin que j'appris que le fort était au pouvoir de l'ennemi, et encore je ne l'appris que par hasard. Je me rendais à la chapelle pour dire la messe; j'aperçus un

Londres, lui donna des lettres de grand vicaire, en sa qualité de vicaire apostolique, et voulut l'avoir toujours près de lui. Après la mort de ce digne prélat, il le remplaça dans sa qualité d'aumônier général de l'armée royale et catholique, et il remplit ces fonctions sous mes yeux, jusqu'au retour de l'expédition en Angleterre. A son retour à Londres, il sollicita des secours pour lui et pour le petit nombre d'ecclésiastiques qui avaient perdu leurs effets, mais ses demandes furent rendues inutiles par les intrigues de ceux qui n'avaient pas été favorables à cette expédition. Ils avaient au moins le droit d'espérer qu'on leur donnerait des secours du comité, à dater de l'époque de leur départ de Londres, mais ce ne fut qu'à force de sollicitations qu'il put obtenir un seul mois. Il ne fit plus dès lors aucunes demandes, et il chercha à se procurer des ressources par son travail, pour suppléer à l'insuffisance des ressources du gouvernement. Au mois de janvier 1804, on lui proposa d'aller joindre M. Spencer Smith, envoyé extraordinaire de Sa Majesté Britannique auprès de la cour électorale de Wurtemberg. Il se rendit à Stuttgard, et cette mission ne l'exposa pas à moins de dangers que l'expédition de Quiberon..... L'abbé Péricaud a continué depuis à se rendre utile autant qu'il l'a pu. Parvenu au delà de l'âge de soixante ans, il supplie le gouvernement de vouloir bien augmenter son traitement, »

ecclésiastique qui marchait à grands pas, ayant son sac de nuit sous le bras. Je l'appelai et lui demandai où il allait de si bonne heure. « Je vais m'embarquer, me répondit-il, le fort est pris. » Je ne voulus en rien croire. Je passai chez M. de Saint-Maurice; on me dit qu'il était parti. Je rencontrai alors M. de Botherel et M. de Beaupoil, qui revenaient du fort. Ils m'en confirmèrent la prise et me conseillèrent de partir. Je me rendis à la maison où j'étais logé. Je pris un mauvais sac de nuit avec le peu d'effets qu'il y avait, sans chercher le reste, et je me rendis au port le plus vite que je pus.

En arrivant, j'aperçus un chasse-marée sur lequel il y avait plusieurs personnes de ma connaissance, entre autres M. de Saint-Maurice. On m'appela; quoique je fusse tout en sueur et qu'il fît froid, je gagnai le chasse-marée. Des matelots toulonnais étaient occupés à le mettre à flot, mais tous leurs efforts furent inutiles parceque la marée se retirait.

Il fallut descendre. Ce fut alors que j'aperçus M. l'évêque de Dol, qui arrivait dans une mauvaise voiture avec tous ses effets bien empaquetés. Je fus le joindre. Nous errâmes sur le rivage jusqu'à environ dix heures, attendant une barque avec autant d'impatience que les âmes qui sont sur les bords de l'Achéron. Jusque-là, nous avions vu dans un certain éloignement un corps de républicains qui s'avançaient lentement parce que leur marche était retardée par un corps de royalistes qui disputaient le terrain, mais, comme ils n'étaient alors qu'à environ deux milles, M. l'abbé de Hercé dit à son frère : « Voici le moment, mon frère, d'offrir à Dieu le sacrifice de notre vie. » Le saint prélat, qui n'y tenait pas beaucoup, qui s'était toujours attendu à périr dans l'expédition, qui m'en avait entretenu sans cesse, comme s'il avait eu un pressentiment de son sort, lui répondit avec le calme qui annonce une conscience pure : « Mon sacrifice est fait. » Il m'avait souvent dit à Londres et pendant la traversée: « Je périrai, mais c'est obtenir la couronne du martyre à bon marché. J'ai soixante-dix ans, je suis accablé d'infirmités, je ne puis pas raisonnablement espérer de pousser loin ma carrière. Je sacrifie à Dieu deux ou trois années tout au plus. »

Je dis alors à M. l'abbé de Hercé que je n'approuvais pas du tout le parti qu'il proposait. « Vous voyez comme moi, me répondit-il, qu'il n'y a aucun moyen de se sauver. — Je n'en vois pas pour le moment, lui dis-je, mais il nous reste toujours une chance pendant que nous sommes sur les bords de la mer, au lieu que vous renoncez à tout espoir en rentrant dans les terres. Vous allez vous jeter entre les bras des patriotes. Si je dois devenir une de leurs victimes, ils me prendront ici, mais bien certainement, je ne courrai pas au-devant d'eux. — Mais quand il viendrait une barque, mon frère est hors d'état de pouvoir en profiter, infirme comme il est. — J'en conviens, lui dis-je, mais il y aurait un moyen de se tirer d'affaire. — Quel est-il ? — C'est, lui répondis-je, de fixer l'attention de tout le monde sur lui, de dire à haute voix qu'il y a parmi nous une tête qui doit être chère et précieuse à tout le monde, que tous doivent se réunir pour la soustraire à la rage de l'ennemi et que cette tête est celle de l'évêque de Dol, qui, malgré son âge et ses infirmités, s'est dévoué à la cause royaliste. »

Rien ne put faire changer M. l'abbé de Hercé. J'ai toujours été persuadé, — et je le suis encore, — qu'on aurait par ce moyen que je proposais, intéressé tout le monde en faveur de ce respectable prélat. Je le vis s'éloigner du rivage avec un serrement de cœur. Il fut suivi par une vingtaine d'ecclésiastiques et sept religieuses hospitalières d'Auray. Je le suivis des yeux aussi longtemps qu'il me fut possible.

Je restai triste et rêveur sur le rivage, et

je me retirai avec la foule auprès du fort neuf. Environ une demi-heure après, les républicains n'étant plus qu'à un demi-mille, on n'entendit que cris et que gémissements, et tout le monde, se jetait à la mer, aimant mieux périr dans les flots que de tomber au pouvoir de l'ennemi. M. de Sombreuil se promenait à cheval pour tâcher de rassurer tout le monde en disant qu'il avait fait une capitulation avec le général ennemi et que personne ne périrait(1). Cette assurance calma bien des inquiétudes, mais elle ne m'inspira aucune confiance. Je m'éloignai de deux cents pas, parce que je croyais qu'il y aurait une boucherie au moment que les patriotes seraient arrivés au fort et parce que je voulais être

---

(1) Nous croyons devoir ici mettre en regard le texte des *Mémoires de Puisaye* et celui de l'abbé Péricaud. Commençons par Puisaye :

« Là, il (l'abbé Péricaud) entendit M. de Sombreuil dire *qu'il avait fait une capitulation avec le général ennemi ;* mais ne pouvant donner aucune foi *à de telles promesses,*

tranquille pour offrir à Dieu le sacrifice de ma vie, croyant bien toucher à mon dernier moment.

A peine eus-je fait ma courte prière, que je vis arriver une petite barque qui venait droit à moi. Je traversai aussitôt une chaîne de rochers qui s'avançait dans la mer; arrivé au dernier, je dis au capitaine qui se tenait à vingt pas, parce qu'il voyait arriver beaucoup

---

il se retira auprès d'un rocher pour se préparer à la mort. » (T. VI, p. 552.)
Voici le texte de l'abbé Péricaud :
« M. de Sombreuil se promenait à cheval pour tâcher de rassurer tout le monde, en disant qu'il avait fait une capitulation avec le général ennemi et que personne ne périrait. Cette *assurance* calma bien des inquiétudes, mais *elle ne m'inspira aucune confiance.* »
Ainsi, d'après le texte original de l'abbé Péricaud, son doute aurait porté non pas sur les promesses du général ennemi, mais bien sur l'assurance donnée par M. de Sombreuil. Disons toutefois, pour ne pas nous départir un instant de notre impartialité, que le sixième volume des *Mémoires* fut publié en 1807, que l'abbé Péricaud resta jusqu'en 1815, l'ami, le familier, le commensal de Puisaye, et que, dans sa correspondance, nous n'avons trouvé ni une ligne, ni un mot de protestation contre le résumé de sa lettre donné par le général.

de monde : « Voulez-vous me sauver ? — Oui, me répondit-il, ne me perdez pas de vue. » Je m'élançai aussitôt dans la mer. Je bus un peu de l'onde amère, mais en m'agitant, je me rapprochai de la barque. On me tendit alors une longue perche que je saisis, et quatre matelots me mirent dans la barque. Je fus immédiatement suivi de l'abbé d'Egrigny. A peine fûmes-nous dans la barque que les patriotes se mirent à tirer à mitraille contre nous. Le capitaine ne songea plus qu'à s'éloigner. Il nous conduisit à un bâtiment de transport, et le lendemain on réunit tous les ecclésiastiques sur le sloop *le Goodwool*. Ce ne fut que là que je pus changer de linge.

A peine fûmes-nous réunis que je représentai aux ecclésiastiques qu'il était probable que M. l'évêque de Dol périrait ; que mes pouvoirs de grand vicaire devant expirer à sa mort, je voulais leur donner des pouvoirs pendant que je pouvais le faire. Je leur en donnai sur-le-champ. On nous conduisit quelque temps après dans la rade de Houat, où nous restâmes jusqu'au 2 novembre. Nous apprîmes, peu de jours, après la mort de M. l'évêque de Dol et celle des ecclésiastiques qui l'avaient suivi, parmi lesquels il y en avait de bien regrettables, tels que M. l'abbé de Rieussec (1), vicaire général de Luçon, M. l'abbé de la Magdelaine (2), vicaire général de Saintes, et un curé de Tours, appelé Poulard (3), autant que je me rappelle.

M. l'évêque de Dol vit la mort et ses prépa-

---

(1) François-Pierre de Rieussec, vicaire général de Luçon, né à Lyon en 1754, exécuté à Vannes le 28 juillet 1795. (La Gournerie, *Débris de Quiberon*.)

(2) François-Dominique Castin de Guérin de la Magdelaine, chanoine et grand vicaire de Saintes, né à Touches-de-Périgny (Charente Inférieure), exécuté à Vannes le 28 juillet 1795, à l'âge de cinquante-huit ans. (La Gournerie, *Débris de Quiberon*.)

(3) Il faut lire Boulard. Nicolas Boulard, né au village de Montlouis, près Tours, fut successivement curé de Mettray et de Notre-Dame-la-Roche à Tours. Il avait fait à Londres, dans les églises fréquentées par les émigrés, de remarquables conférences.

ratifs avec ce calme, ce sang-froid et cette fermeté qu'une conscience pure et la religion peuvent seules inspirer. On voulut lui bander les yeux ; il s'y opposa : « Sachez, leur dit-il, que la mort n'a rien d'effrayant pour un évêque qui a rempli ses devoirs de son mieux. » La douce tranquilité qu'il montra avant de recevoir le coup fatal fit une grande impression sur les républicains. Quelqu'un, qui avait échappé au carnage et qui trouva les moyens de gagner la flotte, me dit que ses bourreaux n'osaient pas sortir la nuit, qu'ils voyaient l'ombre de ce prélat qui les poursuivait d'un air menaçant, que le bruit s'en était répandu dans tout le canton et qu'on le regardait comme un saint. Je n'ajoutai point de foi à ces apparitions, quoique celui qui m'en fit part y crût bien sincèrement. Je lui dis même qu'il ferait bien de ne pas en parler.

.... Choisissez dans ce fouillis ce qui vous conviendra. Si vous avez besoin de quelques autres renseignements que je puisse vous donner, vous n'avez qu'a parler (1).

(1) L'abbé Péricaud repartit le 2 novembre pour l'Angleterre. Puisaye lui avait remis depuis longtemps pour le War Office une lettre que nous avons transcrite dans ses papiers

Ile d'Houat, 1er septembre 1795.

Monsieur,

M. l'abbé Péricaud, qui aura l'honneur de vous remettre cette lettre, a rempli, depuis la perte que nous avons faite de M. l'évêque de Dol, les fonctions de ce prélat, dont il était auparavant le vicaire général auprès de l'armée. Il retourne en Angleterre avec plusieurs ecclésiastiques qui l'avaient accompagné ; leur zèle et leurs services méritent toute ma reconnaissance, et je ne puis mieux la leur témoigner qu'en réclamant l'intérêt du gouvernement en leur faveur et surtout, Monsieur, votre protection pour lui. M. l'abbé Péricaud aura l'honneur de vous en remettre la liste avec les notes relatives aux demandes d'indemnité qu'ils sont dans le cas de former, ayant généralement tout perdu et se trouvant absolument sans ressources. Je vous recommande principalement, Monsieur, M. l'abbé Péricaud, mon ami, depuis vingt ans. Homme vertueux et instruit, qui pourrait être placé en Angleterre, ayant la connaissance de la langue du pays, et pouvant se rendre très utile dans quelque position que vous voulez le placer.

J'ai l'honneur d'être avec tous les sentiments de la reconnaissance, de l'attachement et du respect que vos bontés m'ont inspirées,

Monsieur,
Votre très humble et très obéissant serviteur,
Le Cte Joseph de Puisaye.

IV
ÉTAT DE SERVICES
D'Érasme-Gaspard, Comte de Contades
Délivré au Ministère de la Guerre le 25 janvier 1865

NOM ET SIGNALEMENT DU MILITAIRE	DÉTAIL DES SERVICES		
COMTE DE CONTADES (Erasme-Gaspard) né le 14 mars 1758 à Angers.	Lieutenant au régiment d'artillerie de Besançon, le	14 mars.....	177
	Capitaine au régiment de cavalerie de Mestre de camp général, le..............................	21 avril.....	177
	Mestre de camp en second du régiment de cavalerie du Commissaire général, le....................	11 novembre	178
	Id. du régiment Royal-Picardie-Cavalerie, le	20 mai......	178
DÉCORATIONS Commandeur de Saint-Louis, le 23 mai 1825.	Colonel commandant le régiment Royal-Bourgogne-Cavalerie, le...................................	10 mars.....	178
	Id. commandant le régiment de chasseurs à cheval de Picardie (7ᵉ régiment en 1791), le....	12 mars.....	178
	Émigré en..		179
	Maréchal de camp, le.............................	12 avril.....	18
Pair de France	Retraité par Décret du............................	5 juin.......	18
	Lieutenant général honoraire, le.................	10 mai......	18

SERVICES EN ÉMIGRATION

A fait la campagne de 1792 à l'armée des princes en qualité d'aide camp du comte de Provence. — Entré aux Hullans Britanniques en 179 — Breveté maréchal de camp, le 15 décembre 1795. — A cessé de ser le 31 décembre 1796.

A fait les campagnes de 1793 à 1796, dans l'armée Anglaise.

TABLE

DES NOMS PROPRES

A

Aché (comte d'), 249.
Aix-la-Chapelle, xviii, 25, 94, 95, 96, 97.
Agram, xlvii.
Allègre (général d'), 106, 244, 269.
Ambillou, xxx.
Andigné de la Blanchaye (Paul-Marie-Céleste), député de Maine-et-Loire, lvii.
Angers, xxx, xxxi, xxxiii, xxxv, xxxvi, xxxvii, xli, xlii, xliii, liv, lvii, lviii, lix, 95, 283.
Anthenaise (Armand-Charles, comte d'), li.
Anthenaise (Guionne-Françoise-Victoire de Contades, comtesse d'), xii, li, lviii.
Arlon, 89.
Athem (comte), xlviii.
Auray, 103, 140, 141, 144, 150, 155, 275.
Authe, 60, 62.
Autichamp (Jean-Thérèse-Louis, marquis d'), 20, 21, 80, 81.
Avaray (Antoine-Louis-François de Béziade d'), 21, 52.
Avaray (le chevalier d'), 52.

B

Bachy, 80.
Bade, 25, 43.

Bade (Charles-Louis-Frédéric, grand-duc de), XLV.
Bade (Stéphanie, grande-duchesse de), XLV.
Baden (le général), 92.
Balbi (Armand de), 18, 19.
Balbi (comte de), 16.
Balbi (Anne de Caumont-la-Force, comtesse de), XV, XVI, XVII, 16, 17, 18, 19, 20, 21, 22, 23, 27, 28, 32, 37, 38, 39, 42, 44, 53, 57.
Balleroy (M. de), 174, 203.
Bath, 104.
Bavière (Maximilien-Joseph, roi de), XLV.
Bazin de la Galissonnière (M.), 34.
Beaufort-en-Vallée, XXXIX.
Beaupoil - Sainte - Aulaire (le marquis de), 272, 292.
Belle-Ile, 126.
Bellerose (M. de), 43.
Bellou (M. de), 203, 207.
Belœil (château de), 59.
Béraudière (M. de la) 122 123, 134, 224.
Bercheny (François - Antoine, comte de), 25.

Bernard, domestique du comte de Contades, XIX, 97.
Bernard, mathématicien, XII.
Béthenville, 57.
Bingen, 41.
Biwer, 52, 53, 54.
Blangy (le chevalier de), 238.
Blangy (le vicomte de), 253, 263.
Blois, XXXVI.
Bois-Berthelot (M. de), 106, 120, 121, 123, 134, 140, 144, 159, 199, 206.
Boissieux (M. de), 182, 183, 184.
Bonn, 9.
Borbeck, 9.
Borse (M.), 137.
Botherel (M. de), 272.
Bouillé (M. de), 40, 41.
Bouillon (Philippe d'Auvergne, prince de), 107, 109, 110, 112, 113, 213, 236, 238, 240, 247, 248, 259.
Boulard (l'abbé), 279.
Bourbon (le duc de), 44.

Brest, 114, 122, 125.
Breteuil (baron de), 57.
Breton (le capitaine Le), xxiii, 191, 192, 193, 195, 196, 197, 200.
Breton (l'abbé), curé de Saint-Maurice d'Angers, frère du précédent, 197.
Bridport (l'amiral), 122, 123, 125.
Broglie (le maréchal de), ix, x, 53, 82.
Brunswick (le duc de), 40, 47, 50, 62, 70, 74, 75, 98.
Buzancy, 58, 82.

C

Cadoudal (le colonel), lvii, lviii.
Cadoudal (Georges), 136, 137, 138, 164.
Caen, 17.
Calonne (M. de), 26, 27.
Canning (M.), 166.
Carlstadt, xlvii.
Carnac, 131, 133, 138, 141, 150, 151, 152, 176, 221, 229, 231.
Carpentier (le général), xxx.
Carrier, xxxvii.
Caumont-la-Force (Bertrand de), 16.
Châlons, 65, 69, 70.
Chambray (M. de), 118, 213, 237, 255, 266.
Chanday, 17.
Charette, 110, 127, 229, 231.
Charles VII, 24.
Charles X, xvi, xvii, xxvii, lii, lv, lvi, 23, 24, 25, 27, 30, 31, 32, 37, 41, 53, 73, 114, 121, 170, 220, 222, 227, 228, 229, 231.
Chatillon (Anne de Montmorency, duc de), 257.
Chêne-le-Populeux (le), 77.
Chesneau, boulanger, xxxv.
Clairfayt, 58, 63.
Coblenz, xv, xvi, xvii, xxvii, 8, 9, 10, 11, 12, 14, 20, 21, 23, 25, 28, 30, 31, 32, 41, 44, 45, 47, 48.
Coigny (marquis de), 53, 54, 85.

Condé (prince de), 4, 6, 8, 10, 11, 12, 14, 15, 28, 29, 30, 41, 42, 44, 251.
Condé (princesse Louise de), 15.
Consenvoye, 58.
Contades (Adèle du Fou, comtesse de), XLVIII.
Contades (Cécile-Émilie-Céleste - Éléonore de Bouillé, vicomtesse de), XLII, 41.
Contades (Érasme de), XII, XIII, XLIX, L, LI, LII.
Contades (Érasme - Gaspard, comte de), pair de France, I-LX, 18, 19, 95, 96, 97, 107, 118, 137, 143, 152, 154, 156, 157, 162, 166, 172, 174, 176, 180, 182, 187, 190, 191, 192, 193, 194, 196, 197, 198, 199, 202, 204, 205, 206, 208, 213, 214, 216, 217, 222, 224, 225, 235, 236, 237, 238, 239, 251, 254, 255, 256, 261, 283.
Contades (François-Jules-Gaspard, vicomte de), VI, 41.
Contades (Gaspard, comte de), XII, XXXII, XLV, XLVI.
Contades (Gaspard, marquis de), V, VI, XXVIII.
Contades (Georges-Gaspard de), XLVI.
Contades (Henri, marquis de), XLVI, LIX.
Contades (Henriette d'Oms, comtesse de), XLVI, LIX.
Contades (Jules-Gaspard-Amour, vicomte de), XLII.
Contades (Julie-Victoire de Constantin de la Lorie, marquise de), V, LIII, LIV, LVIII.
Contades (Louis-Gabriel-Marie de), marquis de Gizeux, VI, 173.
Contades (Louis-Georges-Érasme, marquis de), maréchal de France, V, VI, VII, VIII, IX, XXVIII, XXXIII, XLV.
Contades (Marie-Margue-

rite de Villiers, comtesse de), xi, xxix, xxxi, xxxiii, xxxiv, xxxv, xxxvi, xxxvii, xxxviii, xliv, lviii.

Contades (Méry, marquis de), xii, xxxi, xxxiii, xxxv, xlvii, xlviii, lvii, lviii, lix.

Cossé (Mme de), 67.

Cotton (le lieutenant), 216.

Croix-au-Bois (la), 58, 59.

Croix-de-Champagne (la), 63, 70.

Cutry, 89.

D

Damas (baron de), 205, 220.

Damas (Marquis de), 257.

Damas-Crux (Étienne-Charles, comte, puis duc de), 250, 261, 257.

Danne (Constance de Contades, comtesse de Bernard de), xlii.

David, 218.

Deux-Ponts (marquis de), 70.

Deux-Siciles (Ferdinand IV, roi des), 39.

Doué-la-Fontaine, xxix, 191, 196, 197.

Dresnay (M. du), 248.

Dumouriez, 61, 64, 70, 87.

Duportail (M.), 211.

Düsseldorf, xviii, 96, 98, 101.

E

Eaux-Bonnes (les), 17.

Eguille (Louis de Froger, dit le chevalier de l'), 177, 179.

Enghien (le duc d'), 44.

Erthal (le baron d'), électeur de Mayence, 38, 39.

Esgrigny (l'abbé d'), 278.

Essling (Bataille d'), xlvi.

Estrées (Gabrielle d'), 24.

Euren, 50.

F

Faix (M. de), 78, 79.

Fiume, xlvii.

Folmont (M. de), 155, 185.
Fouché, 17.
Francfort, 37.
Frédéric-Guillaume II, roi de Prusse, 39, 47, 56, 57, 61, 72.
Frédéric le Grand, 50.
Fusine, XLVII.

G

Galard de Brassac de Béarn (Adélaïde-Lucie-Madeleine de), 16.
Geilenkirchen, 94, 95.
Georges III, roi d'Angleterre, 260.
Godberg, L.
Gontaut (la duchesse de), 23, 25.
Goyon (M. de), 208.
Graves (marquis de), 200.
Groix (île de), 125.
Guernesey, XXI, 107, 108, 112, 235, 237, 240, 246.
Guilhem (M.), député de Maine-et-Loire, LVII.
Güldenthal, 50.

H

Haguenau, XIV, 5.
Haize (M. d'), 206.
Hasselt, 91.
Hautefort (comte d'), XV, 21, 22.
Havre (Le), 242.
Hay (le chevalier), 6.
Hector (Jean - Charles lieutenant-général, 114, 118, 142, 144, 145.
Hennebon, 151.
Henri IV, 24, 229.
Hercé (le chevalier de), 104, 237.
Hercé (François de), grand-vicaire de l'évêque de Dol, 103, 273, 274, 275.
Hercé (Jean-Baptiste de), 103.
Hercé (Urbain-René de), évêque de Dol, 103, 104, 216, 269, 270, 273, 274, 275, 278, 279, 280, 281.
Hervilly (le général d'), XXI, 114, 115, 116, 117, 118, 119, 120, 127, 128,

TABLE DES NOMS PROPRES

130, 132, 133, 137, 138, 140, 141, 142, 144, 145, 146, 147, 148, 149, 151, 152, 153, 154, 156, 157, 159, 160, 161, 162, 166, 167, 170, 171, 172, 173, 175, 176, 178, 182, 183, 184, 185, 186, 187, 188, 220, 255.
Holy-Rood (château de), 121.
Hott, 54, 55.
Houat (l'île de), xxvii, 123, 221, 222, 223, 225, 279, 281.
Humbert (le général), xxiii, xxv, 191, 193, 194, 195, 196, 206.

I

Ile-d'Yeu (l'), xxvii, lii, 53, 101, 127.
Islettes (les), 61.

J

Jaille (M. de la), 142.
Jaillière (Perrine-Julie Le Bel de la), xi, xviii, xxxviii, 95, 96.

Jaucourt (M. de), xv, 55, 57, 62, 63, 64, 66, 67, 68, 69, 71, 74, 77, 78, 82, 83, 85, 88.
Jean-Jean, chef de chouans, 164, 165.
Jersey, 107, 108, 119, 235, 236, 238, 244, 247, 251, 259.
Joséphine (l'impératrice), xlii, xliii.
Jumilhac (M. de), 163.

K

Keats (le capitaine), 123, 188, 216, 228.
Kerminguy (M. de), 134.
Kléber, xxxiii.

L

Lachèse (M.), liv, lv.
Lâge de Volude (comte de), 25.
Lâge de Volude (Béatrix Renart d'Amblimont, comtesse de), 25, 28.
Lamballe (princesse de), 25.

Lamoignon (Charles de), 210.
Lamoignon (Christian de), 211.
Landevan, 140, 141, 144, 150, 151, 153.
Langlois (M.), 148, 186, 211.
Latil (l'abbé de), 23.
Latte (château de la), 110.
Laubbach, 50.
Launay (château de), xi, xxx, 197.
Laurencie (le chevalier de la), 181.
Laurent, domestique de Puisaye, 224.
Lauriston (le général), L.
Legras (M.), 170.
Léon (le prince de), 236, 254.
Lévis (le duc de), 166, 167, 175, 179, 180.
Liège, 91.
Ligne (le prince de), 58.
Lilien (baron de), 96, 97.
Livry, xxviii.
Londres, xix, xxi, xxvii, xxxviii, 23, 25, 102, 103, 109, 112, 118, 247, 253, 254, 270, 271, 273, 279.
Longuyon, 88.
Longwy, 54, 55, 89.
Lorient, 125, 126.
Louis XIV, 24.
Louis XV, lx.
Louis XVI, 9.
Louis XVIII, xv, xvi, xvii, xlviii, lii, 13, 14, 16, 17, 20, 21, 22, 23, 25, 28, 30, 32, 36, 37, 38, 39, 41, 42, 51, 52, 53, 270, 283.
Louis-Philippe, lx, 17.
Lordat (marquise de), 16.
Luxembourg, 7.
Luçon, 279.
Luxembourg (Anne de Montmorency, duc de), 257.
Lyon, 279.

M

Maaseyk, 92, 93, 94.
Mac-Dougle, 243.
Machault, 76.
Maëstricht, 20.
Magdelaine (l'abbé de la), 279.

Malmédy, 91.
Marconnay (le comte de), 169, 170, 191.
Marie-Antoinette, 20.
Marie-Louise, XLIV.
Marie-Thérèse, 57.
Mayence, XXXII, 37, 38, 40.
Mayenne, 183.
Meudon, 154.
Ménil-Adelée (le), 260.
Mercier (dit la Vendée), 136, 137, 164.
Mercy (comte de), 173.
Metternich (prince de), 13.
Mettray, 279.
Metz, 53.
Mittau, 23.
Moira (lord), 222.
Moligny (le chevalier de), 238.
Monaco (Honoré III, prince de), 42.
Monaco (Catherine Brignole, princesse de), 42.
Mons, XLVI.
Montabaur, XV; 13, 29, 31, 32, 33, 34, 38, 44.
Montauran (M. de), 248.

Montboissier (comte de), 21.
Montjeoffroy (château de), XXXVI, XXXIX, XLIII, XLIV, L, LIII, LIX.
Montlouis, 279.
Montmédy, 83.
Montorgueil (château de), 109.
Mont-Saint-Michel (le), 133.
Moreau (M.), 237.
Moselkern, 45, 47, 48.
Munster, XX, 96.

N

Nagle (le capitaine), 130, 188.
Nantes, XXXVII, XLI.
Nantiat (le baron de), 169.
Napoléon Ier, XLI, XLII, XLII, XLIV, XLVII, 50.
Neuilly (comte de), 15; 19.
Neuville (la), 79, 82.

O

Oilliamson (comte d'), 107, 112, 236, 237, 249, 251, 255, 259, 260, 261.
Oilliamson (vicomte d'), 259, 260.
Oléron, XLVI.
Orense, 197.
Ostende, XIX, 53, 172, 173.
Ouessant (île d') 122,

P

Pains-les-Montbard, 220.
Palis (M. de), 54, 55, 82, 83, 85, 86, 87, 90, 93.
Pannat (M. de), 31.
Paris, XIV, XVI, XXXV, XXXVI, LIII, 7, 8, 17, 18, 26.
Paris de Soulange (comte de), 114.
Pécholier (M. de), 207.
Pélissier (M.), 191.
Pelouse (le chevalier de la), 252.
Pelouse (comte de la), 252.
Péricaud (l'abbé), grand-vicaire de Séez, 216, 269, 270, 271, 276, 277, 281.
Périgord (comte de), 222, 225, 226, 227.
Petit-Failly, 88.
Pitt, 106.
Plouër (Françoise de Contades, comtesse de), XXVIII, 248.
Plouër (comte de la Haye de), 248.
Plouer (Raz de), 110.
Polastron (Louise de Lussan d'Esparbès, vicomtesse de), XVI, 23, 24, 25, 37.
Polastron (vicomte de), 23.
Polignac (Diane, comtesse de), 20.
Polignac (François-Camille, marquis de), 20.
Polignac (Gabrielle-Yolande-Martine de Polastron, comtesse de), 20, 27.
Polignac (Jules, comte de), 20.
Porte (le chevalier de la), 80.

TABLE DES NOMS PROPRES

Portland (le duc de), 169, 261.
Portsmouth, 104.
Poultry (Mme de), 25.
Puisaye (le comte Joseph de), xx, xxi, xxii, xxiv, xxvi, xxvii, 102, 103, 104, 105, 106, 107, 108, 109, 110, 112, 113, 115, 116, 117, 118, 119, 120, 121, 122, 124, 127, 128, 130, 138, 139, 142, 145, 148, 150, 151, 153, 154, 155, 158, 159, 163, 164, 166, 167, 169, 171, 172, 173, 176, 185, 186, 187, 189, 190, 192, 197, 198, 199, 201, 202, 203, 204, 205, 213, 216, 221, 222, 223, 225, 227, 228, 235, 237, 239, 251, 255, 269, 270, 276, 277, 281.

Q

Quiberon, xxii, xxiii, xxiv, xxvi, xxvii, xl, 103, 104, 114, 121, 126, 127, 131, 144, 145, 150, 152, 153, 155, 159, 166, 171, 197, 210, 214, 216, 220, 221, 222, 223, 228, 231, 251, 259, 270, 271.
Quincy, 83, 88.

R

Reims, 65, 69.
Rennes, 111.
Ricussec (l'abbé de), 279.
Riou (château de), xxix, xxx.
Rochefort, 123, 177.
Ronce (le commandant la), 159.
Rondeau, xxxviii.
Rotalier (M. de), 167, 168, 186, 211.
Roussy, 56.
Rustrel (M. de), 32.

S

Sainneville (marquis de), 155.
Saint-Domingue, 106, 123.
Saint-Malo, 220.
Saint-Mathurin, xxxvi.
Saint-Maurice (M. de), 121.

TABLE DES NOMS PROPRES

Saint-Pierre (le chevalier de), 174, 175.
Saint-Rémy, 64.
Saint-Souplet, 63, 74.
Sainte-Marie, 75. 76.
Saintes, 279.
Santander, 197.
Sardaigne (Victor - Amédée, roi de), 36.
Sarzeau, 164.
Saumur xxx.
Savoie (Marie - Joséphine de), comtesse de Provence, 16, 36, 33, 37, 38, 39.
Saxe (Clément - Wenceslas de), archevêque-électeur de Trèves, 9.
Saxe (Cunégonde, princesse de), 9.
Saxe (Marie-Joseph de), dauphine, 9.
Schönbornlust, 9.
Schouardin (le commandant), xxxii, xxxiii.
Sées, 270.
Serrant (château de), xli, xliii.
Serre (comte de la), 265.
Snippe, 71, 72.

Sombreuil (M. de), xxiv, xxv, xxvi, 172, 173, 182, 189, 199, 200, 201, 203, 204, 205, 206, 207, 209, 210, 215, 216, 219, 225, 276, 277.
Somme-Snippe, 63.
Sophis (M. des), 76.
Southampton, 104, 113, 119, 122, 138.
Soulangé, 197.
Spencer Smith, 271.
Stenay, 77, 78, 79, 82.
Stofflet, 229.
Strand (le commandant), 110, 111.
Strasbourg, 28, 29, 31.
Stuttgard, 271.
Suède (Gustave III, roi de), 40, 41.
Suffren (le vicomte de), 86.
Susteren, 94, 97.

T

Talhouet (M. de), 156, 194, 195.
Tallien, 193, 194, 195, 198.

TABLE DES NOMS PROPRES

Teil (château du), xi, xxix, xxx.
Thionville, 7, 56.
Tinténiac (M. de), 120, 123, 129, 140, 154, 164, 165, 169.
Torfou, xxxiii.
Touches-de-Périgny, 279.
Toulon, 106.
Tournin (M.), 67.
Tours, 279.
Trémeneuc (château de), 111.
Trésor (comte du), 236.
Trèves, 9, 50.
Turenne, 107, 108.
Turin, 32, 40, 52.
Turreau (le général), xxx.

V

Valenciennes, 17, 19.
Vallière (Mme de la), 24.
Valmy, xvii.
Vannes, 279.
Vauban (comte de), xxiii, 140, 154, 155, 173, 174, 175, 176, 177, 180, 186, 187, 188, 190, 191, 192, 196, 198, 199, 206, 217, 236.
Vaugiraud (M. de), 124, 185.
Vendôme, xlvi.
Verdun, 56.
Vergennes (M. de), 13.
Versailles, xvi, 18, 26.
Verteillac (marquis de), 53, 85.
Vieuville (le chevalier de la), 109, 110, 111, 113.
Ville-Léon (M. de la), 173.
Villeneuve-la-Comtessse, 181.
Villiers (M. de), 85.
Villiers-Lauberdière (Jacques de), xi, xxix, xxx, xxxviii, 197.
Villiers-Lauberdière (Françoise-Madelaine Le Bel, Mme de), xi, xxx, xxxi, xxxvii, xxxv, xxxvii.
Vintimille (vicomte de), 19.
Virieu (M. de), 39.
Vouziers, 77.

W

Wailes, 89, 91.
Wagram (bataille de), XLVII.
Warren (sir John), 119, 120, 125, 128, 135, 148, 170, 174, 176, 185, 188, 206, 213, 215, 227, 228.
Weymouth, 114, 119, 121, 122.

Windham (M.), 104, 106, 120, 257, 259, 263, 265, 266.
Worms, xv, 5, 6, 7, 8, 10, 11, 12, 15, 22, 28, 29.

Z

Zonhoven, 91, 92.

FIN DE LA TABLE DES NOMS PROPRES

Le Mans. — Typ. Ed. Monnoyer. — 1885.

MÊME LIBRAIRIE

Honoré Bonhomme. *Louis XV et sa famille,* d'après des lettres et des documents inédits. 1 vol. gr. in-18. 3 fr. 50
Victor Dubled. *Histoire de la Monarchie de Juillet.* 2 vol. in-8º............... 15 fr.
Alfred Darimon. *Histoire de douze ans* (1857-1869). 1 vol. gr. in-18............... 3 fr. 50
Champfleury. *Souvenirs et Portraits de Jeunesse.* 1 vol. gr. in-18............... 3 fr. 50
Le Comte Beugnot. *Mémoires 1789-1815.* 2 vol. in-8º............... 12 fr.
Granier de Cassagnac. *Souvenirs du Second Empire.* 3 vol. in-18............... 9 fr.
Edmond de Goncourt. *Sophie Arnould* d'après sa correspondance et des mémoires inédits. 1 vol. petit in-4º. 10 fr.
Amédée Pichot. *Souvenirs intimes de M. de Talleyrand.* 1 vol. gr. in-18............... 3 fr. 50
Louis XVI. *Journal particulier* publié sur des documents inédits par Louis Nicolarot. 1 vol. gr. in-18.... 5 fr.
John Russel. *Mémoires et Souvenirs* (1813-1873). 1 vol. in-8º............... 7 fr.
Le Comte de Maupas. *Mémoires sur le Second Empire.* 2 vol. in-8º............... 14 fr.
De Valfons (Marquis de). *Souvenirs et Mémoires.* 1 vol............... 3 fr. 50
Imbert de Saint-Amand. *Les Femmes des Tuileries.* 6 vol. gr. in-18............... 21 fr.

Le Mans. — Typ. Ed. Monnoyer. — 1885.

www.ingramcontent.com/pod-product-compliance
Lightning Source LLC
Chambersburg PA
CBHW050312170426
43202CB00011B/1874